少年财智英雄榜样

BAISHOUQIJIA DE
ZHUANQIAN YINGXIONG

白手起家的"赚钱英雄"

洛克菲勒(石油)

张从富◎丛书主编　　卢晨英◎编著

北京出版集团公司
北京教育出版社

图书在版编目(CIP)数据

白手起家的"赚钱英雄"——洛克菲勒：石油 / 卢
晨英编著. — 北京 ：北京教育出版社，2012.3（2018年3月重印）
（少年财智英雄榜样 / 张丛富主编）
ISBN 978-7-5303-9761-9

Ⅰ. ①白… Ⅱ. ①卢… Ⅲ. ①洛克菲勒，
J.D.（1839～1937）—生平事迹—少年读物 Ⅳ.
①K837.125.38-49

中国版本图书馆 CIP 数据核字（2012）第 022772 号

少年财智英雄榜样

白手起家的"赚钱英雄"——洛克菲勒：石油
BAISHOUQIJIA DE "ZHUANQIAN YINGXIONG"
张丛富　丛书主编
卢晨英　编著

＊

北 京 出 版 集 团 公 司
北 京 教 育 出 版 社　出版
（北京北三环中路 6 号）
邮政编码：100120

网　　址：www．bph．com．cn
北 京 出 版 集 团 公 司 总 发 行
新 华 书 店 经 销
重庆重报印务有限公司印刷

＊

700 毫米×1 000 毫米　　16 开本　　12.5 印张
2012 年 3 月第 1 版　　2018 年 3 月第 4 次印刷
ISBN 978-7-5303-9761-9
定价：23.70 元

质量监督电话：010-58572342　010-58572393

序 言

约翰·戴维森·洛克菲勒是美国实业家、慈善家,他以革新石油工业与塑造现代慈善的企业化结构而闻名。1870年他创立了标准石油公司,在全盛期他垄断了全美90%的石油市场,成为美国第一位十亿富豪与全球首富。他也被普遍视为人类近代史上的首富,其财富总值折合今日之货币达3 000亿美元。

20世纪初的洛克菲勒是吸引各界关注最多的美国公民,几乎年年都会有关于他的书籍问世。在那个时代,他可是最家喻户晓的美国人,他的一言一行都是媒体报道、分析的焦点。即使如此,人们依然看不透他,他的生活细节都被掩藏在私邸的围墙里和办公室的磨砂玻璃门后面。

洛克菲勒在一生之中一直保持着沉默寡言、行事低调的风格。尽管手中掌握着当时世界上最大的企业和慈善事业,他却时时躲避外界的关注。这位令人难以捉摸的大人物在众人面前表现出多重的人格面貌,可谓神秘感十足。因此,他给人们留下的印象是那么迥异:在一些人眼中,他是标准石油公司的缔造者,才华盖世而又冷酷无情;在另一些人眼中,他只不过是一个形容枯槁的怪老头,惯于四处施舍一些小钱,喜欢在新闻摄影机前对大家说上两句。在大多数人的眼中,洛克菲勒就是标准石油公司的代名词,而他的真性情就包含在这家大托拉斯的种种密谋和诡计之中。在许多人看来,洛克菲勒的一生就是利用标准石油公司劫掠财富。由于许多传记作家们死守这个陈腐观点,我们难以深入挖掘这位 19 世纪大工业家的内心世界,难以完整刻画其毕生经历。

事实上,我们不能看不到洛克菲勒的任何瑕疵,也不能看不到洛克菲勒的任何德行。无论用哪一种片面的立场看待洛克菲勒都是不正确的,真实的洛克菲勒其实是两者兼备的统一体。《白手起家的"赚钱英雄"——洛克菲勒》力求为读者更深入地呈现洛克菲勒本人,让读者对洛克菲勒有更深层次的了解。

目录
CONTENTS

第一章　成就石油大王的家庭

洛克菲勒出身贫穷，父亲威廉·洛克菲勒是个卖假药的江湖郎中，又犯重婚罪，不是个正直的人，然而其母亲却是个虔诚的浸信会教徒，生活自律，并从小对洛克菲勒灌输节俭、勤奋等观念。

为什么这样的家庭能够教育出世界亿万富翁呢？

成就石油大王的家庭

1839 年的夏天，一个普普通通的小男孩在美国纽约州里奇福德一个平常百姓家诞生了，谁也没有想到这个小家伙后来会成为世界上第一个亿万富翁，没错，他就是约翰·戴维

森·洛克菲勒。洛克菲勒是这个家庭的第二个孩子，因为他是一个男孩子，所以他在家就像一个"小皇帝"。虽然当时在美国重男轻女的现象并不是很严重，但是"物以稀为贵"，在这个女孩子众多的家庭里，洛克菲勒就显得较为宝贵了，不时还引来姐姐们的"嫉妒"。洛克菲勒的其他兄弟姐妹在谈起他时，往往带着三分嫉妒、七分自豪的口气管他叫"咱家的皇储"。这个尊号仅能说明约翰在继承财产上和在"洛克菲勒皇朝"家系中所处的地位和所享有的名分，而不能表明他享有多少特权。洛克菲勒个子矮小，嘴巴很大，眼神娇弱，看上去像个恹恹瘦损、精神不振的病孩子。但是他天资聪颖，从小

就坚持认为，他们家只能有一个大一统的约翰·戴维森·洛克菲勒。为此，人们便给这个孩子起了一个雅号"小先生"。这位"小先生"神情肃穆，腼腆有余而大方不足。在家中，洛克菲勒一向落落寡合，孤高不俗，因而他总是孤孤单单，没有玩伴相随相依。他家有个"森林山"的庄园，这位"小先生"经常独自在周围的林子里散步，偶尔也会把看门人的孩子招呼过来做伴。

小时候的洛克菲勒在别人眼里只不过是个非常普通的孩子，他的身上也没有什么特别的潜质。可是谁能想到后来他却能经营起自己的石油王国，成为石油大王呢？

洛克菲勒祖籍法国，祖上因为是胡格诺改革派，为了避免遭到迫害，他们从法国南部逃到了德法交界的莱茵河一带安家，后又移居美国，在纽约州落户，过着日出而作、日落而息、颇为宁静的田园生活。这里的移民大多来自英国，由于通婚，到洛克菲勒这一辈人时，他们的血统里至少已有了法、德、英三国的成分。

洛克菲勒的父亲大比尔是个生性好动、性格开朗的人，他头脑灵活，眼光独到，具有强烈的拜金主义思想，主张哪里有钱就往哪里奔。但洛克菲勒的母亲伊莱扎·戴维森·洛克菲勒是一个虔诚的浸礼会教徒，所以她在洛克菲勒很小的时候，就不厌其烦地向洛克菲勒灌输基督教教义中的勤俭美德的思想，效果卓著。

洛克菲勒一家人在纽约州搬了好几个地方，最后在纽约的摩拉维亚镇安定下来。在这里没过多久，父亲大比尔就凭借自己的聪明和智慧置下了约 11 万平方米的土地、10 多间房屋的房产。洛克菲勒一家过着幸福的生活。

然而，幸福的生活在洛克菲勒十一岁这一年突然宣告结束了。家中的女佣告发大比尔强奸了她，法庭传讯大比尔听候庭审。家中所发生的事，深深地影响了洛克菲勒幼小的心灵。

另外，大比尔还被牵扯进另一起更为严重的案子——偷马案。根据当时的法律，他有可能会被送上绞刑架。

为了避免被捕入狱，大比尔当机立断，决定赶紧逃跑。幸福而宁静的生活被破坏了，洛克菲勒感到家里遭受了灭顶之灾。

面对家庭生活的种种变故，洛克菲勒并没有就此消沉，而是有着惊于常人的表现。　．

大比尔离家外逃，这对洛克菲勒来说本不是一件好事，但从某种程度、某个方面来讲又确确实实是一件好事。因为这个过程磨炼了洛克菲勒面对生活困境的韧性和毅力。这些品质是他日后在商场上拼搏必不可少的内功。

正是洛克菲勒的性格、品质决定了他终究将成为一个富人。

大比尔想让儿子成为富人的教育

大比尔在外躲藏，只能时不时地在半夜里偷偷摸摸地回家。大比尔每次回到家，洛克菲勒都要和他清清楚楚地算一笔账。

大比尔对孩子们是十分吝啬的,尤其是孩子们向他要钱的时候,无论钱用来做什么,哪怕是交纳学校的必需费用,他都一律拒绝。但他也会采取一些补救的措施,那就是采用劳动补偿法给孩子们钱。洛克菲勒家中的任何一项劳动,都有一定的计算标准,根据劳动的程度给相应的钱。这也是大比尔想让儿子成为富人的教育方法。

财富应该是富人的一个象征,但真正的富人的钱却是来自他自己的劳动或智慧。真正的富人要有驾驭钱的能力,而不是被钱所驱使,所以真正的富人要对金钱有正确的认识,要知道钱应该怎样来,更要知道钱应该怎样去。

在几个孩子当中,洛克菲勒颇得大比尔的赏识,父子俩经常会与点生意有关的问题。例如儿子把某种商品

约翰·戴维森·洛克菲勒的
父亲威廉·洛克菲勒

在市场上卖掉以后,父亲要支付给儿子多少佣金的问题。在这种时候,大比尔总会显示出一副非常机敏、分毫必争的样子,而洛克菲勒也不甘示弱,他会使出浑身解数,尽可能地从父亲那里多争取到一些钱来。

洛克菲勒有一个账本,那本子上详细地记录着他的工作时间、地点以及工作情况,比如是种了马铃薯还是种了玉米,是挤过牛奶还是割过麦草,父亲会按照记录以每小时三角七分的工钱把工资付

给他。随后洛克菲勒便把他得到的钱存起来。

这些都是大比尔对洛克菲勒进行的专门训练。洛克菲勒也确实在赚钱方面显示出了过人的天赋，父亲的教导让他从小就学会了如何寻找赚钱的机会。

还有一次，洛克菲勒在树林里意外发现了火鸡的窝。他趁大火鸡出去觅食时，偷偷把小火鸡抱回了家。他把那些小火鸡关在自己的房间里精心饲养，并在感恩节到来的时候把火鸡拿出去卖给了附近的农民，从中赚了一笔钱。

大比尔还很注意在游戏中创造机会启发洛克菲勒，以培养他预防风险的意识。当洛克菲勒还是个孩童时，父亲常常让他从高椅子上纵身跳入自己的怀抱。有一次，父亲没有用双臂接他，他就重重地摔在了地上。父亲严肃地对他说："要记住，决不要完全地信任任何人。哪怕是最亲密的人，也千万不要轻信！"这件事给洛克菲勒留下了深刻的印象，也使得他在日后的生意场上始终保持着冷静、警觉的头脑，从而避免了多次失误。

洛克菲勒父母的不同影响

洛克菲勒父母的个性截然不同：母亲是个一言一行都皈依《圣经》的虔诚的基督教徒，她勤快、节俭、朴实、家教严格；而父亲却是个讲究实际的花花公子，他自信、爱冒险、善交际、任性而又喜欢以自我为中心。洛克菲勒作为长子，他既从父亲那里学会了讲求实际的经商之道，又从母亲那里学到了精细、节俭、守信用、一丝不苟的优点。他把自己从父亲那里学来的经商之道视为"商业训练"，又把自己从母亲那里学来的优点推定为"不俭则匮"的准则；从中他还引申出自己的结论："只有数字算数。"

约翰·戴维森·洛克菲勒
的母亲伊莱扎·洛克菲勒

　　洛克菲勒 14 岁时，在克利夫兰中心中学上学。放学后，他常到码头上闲逛，看商人做买卖。有一天，他遇到一个同学，两人边走边聊起来。那个同学问："洛克菲勒，你长大后想干什么？"年轻的洛克菲勒毫不迟疑地说："我要成为一个拥有 10 万美元的富翁。"谁曾料到，几十年后，这个蜚声国内外的石油大王，其拥有的财富竟达 10 亿美元，是他童年时梦想达到的财富数额的 1 万倍！

　　洛克菲勒的母亲是个虔诚的浸礼会教徒，她认为儿子这样做亵渎了神灵，所以一定要接受惩罚。但大比尔却不这样看，相反，他对儿子的做法极为赞赏，他断定洛克菲勒日后的成就一定会超过自己许多。母亲喜爱小孩儿，而且毫无疑问，作为家中的长子，洛克菲勒确实得到了母亲非常多的爱。洛克菲勒的其他兄弟姐妹们经常抱怨洛克菲勒享有特殊待遇，尽管洛克菲勒的父亲和母亲都有意识地努力不表现出任何偏爱。

虽然母亲和父亲在有关抚养孩子们的重大问题上意见是一致的，但是他们两人的性情却差别甚大。这些不同孩子也注意到了。母亲不参加他们早晨的祈祷，她喜欢舒舒服服地待在床上看报纸或者写信。母亲喜欢把那些大胆创造新艺术形式的艺术家们带到家里来，这令父亲颇感不快。她还喜欢探险，喜欢出人意料的东西，所以每次碰到冒险的事，都能使她从中获得无限的乐趣。

父亲恰恰相反，他希望生活是井然有序的。他必须提前知道自己做什么、做事的先后顺序如何、与什么人一起做事以及怎么做事等。无论是在市区工作还是在郊外休闲的时候，甚至一天怎么过他都要事先计划妥当，而偏离计划的事情他是难以欣然接受的。当有人提出要开展某种新活动的时候，他会说："可是孩子们计划要干别的。"对他来说，那是拒绝接受新想法的充足理由。

洛克菲勒一家举家迁徙的那一年，洛克菲勒还不满 15 周岁，父亲的几个箱子在他们动身前 3 天就被拿出来了：有些是老式的扁行李箱，上面有个盖子被打开了；有些则是所谓的"发明性箱子"，打开后一边可以挂西服，另一边是放衣服的屉子。父亲常常会因为要出门两三个月而准备十几个满满的箱子、包裹。冬天，父亲每天晚上都戴条黑领带，母亲则穿着长裙，即使是一家人吃饭的时候也这样。夏天，父亲从来都是穿着外衣出门，以防天气转冷，而且还会戴一顶帽子。洛克菲勒上大学的一年夏天，他和父亲在驱车穿越西南部途中照了一张照片，照片上，他们两人在亚利桑那州沙漠中一棵孤零零的松树下，坐在一件羊毛长袍上。父亲一身西服领带，头上戴一顶毡帽，从不离身的外衣放在一边。洛克菲勒毫不怀疑父亲非常爱他们所有人，但父亲那严谨刻板的成长经历决定了他作为一个家长的死板教条。他很严肃，虽不冷淡，却也很少表现出温情。因此，在感情方面，他与孩子们并不亲密，所以对洛克菲勒影响较大的还是他的母亲。

洛克菲勒从小就知道，钱应当来自自己的劳动或自己的智慧，换言之，就是他懂得如何寻找金钱的源泉。一旦这个金钱的"泉眼"被挖大，随之而来的金钱就会形成小溪、大河甚至大海。

大比尔的预言最终成了事实。洛克菲勒凭借着从小就养成的经营意识，在以后的发展中不断地健全自己的经营手法，终于经营起了自己的石油帝国。

家庭的宗教信仰

19 世纪 40 年代的美国，经济正处于繁荣之中，许多人都幻想成为亿万富翁。银行如雨后春笋般在各地迅速出现，运河纵横交错在大地之上。铁路和电报繁衍出经济繁荣的全国性市场。美利坚的领土急需扩张，于是 1845 年得克萨斯被吞并，与墨西哥的战争似乎也在所难免。洛克菲勒尽管对远方发生的这些事情所知甚少，却已经是一个专业的"经济人"。孩提时代的他就知道按磅买进糖果，然后分成几份出售给兄弟姐妹，从中赚取利润。在母亲的鼓励下，7 岁的他开始把赚来的各种金银硬币存到壁炉架上的一个蓝色瓷碗里。

当年的洛克菲勒在很多方面同其他男孩没什么两样。他不是那种非常聪明的人，却很有毅力，能持之以恒地做自己喜欢做的事情。洛克菲勒的数学成绩非常出色。他说："我不是一个脑瓜儿好使的学生，只能老老实实地准备功课。"

约翰·戴维森·洛克菲勒的妻子
劳拉·斯佩尔曼·洛克菲勒

由于母亲是信会教徒，洛克菲勒从童年就开始接触浸信会，他之所以信仰宗教，不是因为什么责任或义务，而是为了使自己的灵魂得到净化。因此，人们可以在该教派的教义中找到许多能够揭示他的性格秘密的线索。

洛克菲勒从小就把清教的格言警句作为自己的行为准则。他的许多清教徒观念尽管在下一代人看来似乎已经过时，却恰恰是他少年时的宗教常识。洛克菲勒之所以能在商业领域取得伟大的成绩，同他在童年时代所处的环境是有很大关系的。有这样一个故事，有一次，他的父亲交给他 5 美元，要他把《圣经》从头到尾读一遍，从而使他在无意中把上帝和金钱联系到一起。而大比尔自己却什么教派的活动也不参加。因此，洛克菲勒在遇到有关宗教的问题时，总会寻求母亲来帮助，母亲也总是用《圣经》来安慰自己备受折磨的心灵。

洛克菲勒在每个星期天都去离家不远的教会学校上课。他记得那里的老师过去不信教，后来变成了一个虔诚的基督徒。在洛克菲勒看来，宗教与其说是一种在另一个世界实现善恶报应的理论体系，不如说是一种现世的道德改造手段。由于大比尔经常外出，洛克菲勒的母亲只好说动一位长老会邻居在星期天早上把她和孩子们顺路带到附近的浸信会教堂。当母亲和孩子们挤坐在教堂的长椅上时，伊莱扎总是鼓励孩子们在奉献盘里放下几枚铜板。这使洛克菲勒很小的时候就明白，上帝希望信徒们去挣钱，再把钱捐赠出去，这是个永不停止的良性循环。

第二章　步入社会创业的洛克菲勒

　　步入社会后的洛克菲勒开始了他的艰苦创业生涯。他凭借自己异常冷静、精明、富有远见的头脑和凭借自己独有的手段，白手起家，终于挖掘到了人生的第一桶金。这为他成为未来的"石油大王"打下了良好的基础。

从小就具备商业精英的天赋

用街上捡来的玩具车，赚回一辆崭新的玩具车

洛克菲勒和很多出生在贫民窟的孩子一样争强好胜，也喜欢逃学。但与众不同的是，洛克菲勒从小就有一种发现财富的非凡眼光。

他把一辆从街上捡来的玩具车修好，让同学们玩，然后向每人收取0.5美分。在一个星期之内，他竟然赚回了一辆新的玩具车。

约翰·戴维森·洛克菲勒
在 Richford，NY 的家

洛克菲勒的老师深感惋惜地对他说："如果你出生在富人的家庭，你会成为一个出色的商人。但是，这对你来说已是不可能的了，你能成为街头商贩就不错了。"

洛克菲勒中学毕业后，正如他的老师所说，他真的成了一名小商贩。他卖过电池、小五金、柠檬水，每一样都经营得得心应手。与贫民窟的同龄人相比，他已经可以算是出人头地了。

白捡 1 吨丝绸，一夜赚到 10 万美元

但老师的预言也不全对，洛克菲勒靠一批丝绸起家，从小商贩一跃而成为商人。

那批丝绸来自日本，足有 1 吨之多，因为在轮船运输的过程中遭遇风暴，这些丝绸被染料浸染了。如何处理这些被浸染的丝绸，成了日本人非常头痛的事情。他们想卖掉这些丝绸，却无人问津；想运出港口扔了，又怕被环境部门处罚。于是，日本人打算在回程的路上把丝绸抛到大海里。

港口有一个地下酒吧，洛克菲勒经常到那里喝酒。那天，洛克菲勒喝醉了。当他步履蹒跚地走过几位日本海员身边时，海员们正在与酒吧的服务员说那些丝绸的事情。说者无心，听者有意，洛克菲勒感到机会来了。

第二天，洛克菲勒来到轮船上，用手指着停在港口的一辆卡车对船长说："我可以帮你们把这些没用的丝绸处理掉。"结果，他没付出任何代价便拥有了这些被染料浸过的丝绸。后来，他用这些丝绸制成了迷彩服装、迷彩领带和迷彩帽子。几乎在一夜之间，他拥有了 10 万美元的财富。

当一次"冤大头"，狂赚 2 490 万美元

有一天，洛克菲勒在郊外看上了一块地。他找到地皮的主人，用 10 万美元买下了那块地。地皮的主人拿到 10 万美元后，心里还在嘲笑他："这样偏僻的地段，只有傻子才会出这么高的价钱！"

令人意想不到的是，一年后，市政府宣布在郊外建环城公路，

洛克菲勒的地皮升值了150倍。城里的一位富豪找到他，说愿意出2 000万美元购买这块地皮，富豪想在这里建造别墅群。但是，洛克菲勒没有答应，他笑着告诉富豪："我还想等等，因为我觉得这块地应该会还会增值。"

果然不出洛克菲勒所料，3年后，那块地卖了2 500万美元。

洛克菲勒的同行们很想知道当初他是如何获得那些信息的，他们甚至怀疑他和市政府的官员有来往。但结果令人很失望，洛克菲勒没有一位在市政府任职的朋友。

临死前玩一把幽默，赚了10万美元

洛克菲勒活了77岁，临死前，他让秘书在报纸上发布了一条消息，说他即将去天堂，愿意给失去亲人的人带口信，每人收费100美元。这一看似荒唐的消息，引起了无数人的好奇心，结果他赚了10万美元。如果他能在病床上多坚持几天，可能赚得还会更多。

洛克菲勒的遗嘱也十分特别，他让秘书登了一则广告，说他是一位绅士，愿意和一位有教养的女士同卧一个墓穴。结果，一位贵妇人愿意出资5万美元和他一起长眠。

洛克菲勒的发迹，在许多人的眼中一直是个谜。他那别具匠心的碑文，也许概括了他传奇的一生——"我们身边并不缺少财富，而是缺少发现财富的眼光。"

重要的高中同学

　　时间飞速流逝，洛克菲勒也渐渐长成了一个帅气的小青年，虽然他还没有到 18 岁的法定成人年龄，但他却显现出了成年人一般的风采，瘦高的身材给人以干练的感觉。

约翰·戴维森·洛克菲勒的学校

　　洛克菲勒在高中时交到了两个很要好的新朋友，对于洛克菲勒来说，这是他进入这所学校后最大的收获，两个朋友一个叫马克·汉纳，一个叫达尔文·琼斯，这三个人相遇后很快就成了形影不离的铁哥们，三个人经常在一块讨论时事、历史等问题。

　　马克家里比较富裕，祖上几代都是杂货商和商品经纪人，他在学校里是一个多面手，也是一个相当充满活力的人，学校里面没有他不参加的体育活动，而且他很喜欢和别人打交道。这和洛克菲勒的性格刚好相反，但是洛克菲勒也从来没有羡慕过马克，洛克菲勒从小就习惯了用一双冷峻的眼睛来打量身边的人和事，不会轻易表明自己的态度，幼年的艰辛早已让他的境界超越了一般孩童的思想。

　　洛克菲勒反倒看出了马克的缺点，那就是马克从来不懂得掩饰自己的情绪。这样的判断出自一个高中生，确实显现了洛克菲勒成熟于别人的情商。

选择和这样的人做朋友，对洛克菲勒的成长是大有裨益的，至少比那些整天只知道去网吧打游戏的玩伴有用的多。

三个人在课余时间经常思考诸如在伊利湖大战中，协助美国战胜英国的到底是什么；为什么美军在节节败退之后，能在伊利湖的水战中扭转乾坤此类的问题，当然也会有类似于高中生的八卦新闻谈话，但是还是和我们今天的高中生有所不同，他们聊的不是明星，而是老师、校长或者富人区的某个有钱人。

后来达尔文·琼斯给他们三人取了个相当帅气的名字——三剑客，并且被一直沿用了下来，只是主张低调的洛克菲勒并不太中意这个招摇的名字。

有这样的朋友还是要归功于这所不错的学校。洛克菲勒新加入的这所学校特别讲究学习自由，他们主张给每一个孩子同等的受教育机会，这对于乡下来的洛克菲勒而言是再好不过的学习生活环境了。

但学校对学生的要求也是十分严格的，想要顺利升级需要在学期末交四篇论文，而且题目还要紧跟当时的时事——分别是《教育》、《自由》、《圣帕特里克的品格》和《回忆往事》，而洛克菲勒也不简单，一下子就想到了黑奴制度，而他当时已经是一名坚定的废奴主义者了。

他在日记里曾写了这样一段话：

"我觉得人奴役人既违反国家的法律，又违反上帝的戒律，那些黑人有健康的身体和自己的语言，有些人懂得的东西甚至要比那些好吃懒做的白人还要多，唯一不同的是上帝把他们生得黑了一些，但没有人可以否认他们有做人的权利。奴隶制如果再不废除，它只会使我们的国家停滞不前，直到最后毁了这个国家。"

铭记终身的"就业日"

洛克菲勒 16 岁时，开始面对艰难的生活，他翻开全城的工商企业名录，寻找知名度高的公司。每天早上八点，他身穿黑色衣裤和高高的硬领西服，戴上黑领带，离开住处去赴新一轮的预约面试。他虽然一再被人拒之门外，但仍然日复一日地前往，一连坚持了六个星期。当时克利夫兰的人口大约为三万。洛克菲勒说，他把列入名单的公司走了一遍之后，又从头开始，有些公司去过两三次，但谁也不想雇佣一个孩子做员工。洛克菲勒是那种倔脾气的人，越是受到挫折，他的决心反而越坚定。

约翰·戴维森·洛克菲勒
的第一份账簿

1855 年 9 月 26 日上午，他走进了从事农产品运输代理的休伊特—塔特尔公司。接见他的是二老板塔特尔，他需要一个记账员，便叫洛克菲勒午饭后再来。喜出望外的洛克菲勒一步一跳地走了出去。此后，一直到了老年，他仍记得那激动人心的一刻。午饭后他见到大老板休伊特。此人在克利夫兰拥有大量的房地产，还是克利夫兰铁矿开采公司的创办人，他仔细看了洛克菲勒写的字，然后说："留下来试试吧。"洛克菲勒连忙脱下外衣立刻进入工作状态，但老板却一直没有提工资的事。

　　洛克菲勒埋头于散发着霉味的账本里。他每天天刚亮就去上班，办公室点的是鲸油灯。他说："由于我的第一份工作是记账员，所以我学会了尊重数字和事实，无论它有多小……"后来公司让洛克菲勒负责付账单，他接过每份账单都仔细核查，"比花自己的钱还尽心"。有一次，在隔壁办公的老板交给他一份长长的、未经核对的管道铺设费账单，请他去付款。他从中发现了几分钱的差错，洛克菲勒感到十分震惊。此外，年轻的洛克菲勒还为休伊特收房租，他不但有耐心、有礼貌，而且还表现出斗牛犬般不屈不挠的精神，直到欠债的人交租为止。南北战争爆发前，大多数企业都只经营一项业务或生产一种产品，而休伊特—塔特尔公司却是很多商品的代理商。1855 年年底，休伊特给了洛克菲勒 50 美元作为头三个月的工钱，相当于每天五毛钱多一点。但没过多久休伊特就宣布，这位助理记账员的工资将提升到每月 25 美元，即每年 300 美元。

　　洛克菲勒的个人生活和他在公司的生活一样，十分简洁，他对数字十分敏感，他把公司里的业务准则应用到个人的精打细算上。刚开始上班时，他花一毛钱买了个红色小本子，称其为账本甲，上面详细地记录着自己的每一笔收入和开支。洛克菲勒一生都十分珍视这本账本甲，把它作为自己最珍贵的纪念物。五十多年后，当他拿出它来一页一页地翻看时，睹物生情，几乎是老泪纵横。那个本子被安放在一个贵重物品保险库里，对他来说，它就像一件无价的传家宝。账本甲还告诉人们：洛克菲勒从小就是一位热衷于行善的人。在他工作的第一年，他就把约 6% 的收入捐给了慈善机构。他20 岁时，捐献的金额比例已经超过了收入的10%。

　　1857 年，17 岁的洛克菲勒被提升为主任簿记员，年收入提高到600 美元。他充满自信地尝试做面粉、火腿和猪肉生意，数量尽管不大，但每次都有赚头。后来洛克菲勒还成为了这家公司的合伙人，公司更名为休伊特—洛克菲勒公司，年仅 18 岁的他就这样进入了贸易代理行合伙人之列。

结识生意伙伴克拉克

　　莫里斯·克拉克是洛克菲勒商业学校培训班的同学，两人的关系算不上融洽，但洛克菲勒对利息的反复提问，让年长洛克菲勒十岁的克拉克一直对洛克菲勒印象很深刻。此外，效力于一家农产品贸易公司的克拉克，怎么也搞不明白，为什么工作仅仅一年多的洛克菲勒就成为了一家名叫休伊特—塔特尔公司的合伙人。

　　在与洛克菲勒深入交流了几次后，克拉克说出了自己的想法：他想邀请洛克菲勒与自己一起创业，从事农产品贸易。克拉克效力的那家公司业务很好，但因为自己不是公司合伙人，克拉克无法分享公司的利润。

　　"洛克菲勒，以我的专业判断加上你的财务管理，我们两人合伙，肯定能在克里夫兰农产品贸易方面出人头地。"克拉克发出了邀约。

　　"克拉克，请给我一周时间，我要与家人协商一下。"

　　洛克菲勒没有敷衍克拉克的意思，他确实需要考虑一下。要知道，过去的休伊特—塔特尔公司，现在的休伊特—洛克菲勒公司，是他从一个小毛头成长为合伙人的第一个公司。这家公司不仅让妈妈、弟弟、妹妹在不依靠父亲的情况下过上了相对稳定的生活，而且他让洛克菲勒在克里夫兰商界小有了一点名气。一些异常谨慎的银行家们，偶尔也会提及洛克菲勒这个名字。要知道，洛克菲勒才 18 岁。

仅管如此，克拉克的提议对洛克菲勒也有着很强的诱惑性。但是，要自己创业，洛克菲勒的储蓄还远远不够。尽管工作不到三年的洛克菲勒已经储蓄了 800 美元。不过天助洛克菲勒，一向吝啬的大比尔居然要主动借钱给儿子。1858 年 3 月，老比尔找到洛克菲勒，说原计划想在洛克菲勒 21 岁时给他 1 000 美元，现在，他想提前兑现这个没有说出的诺言。但是，这笔钱是老比尔借给洛克菲勒的，利息为 10%，当时的银行利息大约是 6%。

一船黄豆　半船石头

"克拉克，糟了。"

一大早，洛克菲勒火急火燎地对克拉克喊了起来。

洛克菲勒的表现让克拉克既感到意外又感到好笑。认识洛克菲勒三年多以来，这是洛克菲勒第一次如此失态。与洛克菲勒不同，克拉克要乐观得多。尽管公司有损失，而且克拉克的损失一点都不比洛克菲勒少，但看到洛克菲勒急得要命的样子，克拉克还是忍不住笑了起来。

"你到外面货船上去看看，看你还能不能再笑出来？"洛克菲勒大声地对克拉克说。

"货船？货船怎么了？"克拉克一边嘀咕，一边走出门去。

走进货船，克拉克一下子懵了。"洛克菲勒，我们不是订的黄豆吗？为什么全是石头和垃圾啊？"克拉克大喊大叫起来。

一整天，这两位合伙人都是愁眉苦脸的在垃圾堆中捡黄豆。一船的黄豆、垃圾与小石头块，让两位准备在农产品贸易中大干一场的年轻人，一下子失去了热情。

洛克菲勒不愧是做财务的，经过一晚上的计算，这笔生意，公司损失了200美元。为了继续做生意，至少还要筹措400美元。

"那好吧，洛克菲勒，我们各自筹借200美元，一周后交到公司。"情绪大起大落的克拉克说。

克拉克可以向父亲和弟弟短期筹借，洛克菲勒可犯难喽。弟弟威廉虽然工作已两年了，但200美元肯定是没有的。再说了，他还要维持家里的日常开支。无奈之下，为了生意，他只好再向父亲去借钱。

这次黄豆事件，对年轻的洛克菲勒来说，既是坏事，也是好事。通过这件事，他一方面认识到合伙人克拉克的管理能力不足，另一方面他也反思到自己在工作上投入的时间不够。

洛克菲勒在深刻地进行自我反省的同时，还制订了严格的工作与教会的时间分配表。经过近三个月的努力，那半船黄豆终于陆续卖掉了。

1858年底，克拉克——洛克菲勒公司获得了4 200美元的利润，按照股份，洛克菲勒获利2 100美元。

跻身石油产业

早在 18 世纪，印第安人塞尼卡部落就开始使用石油了。到了 19 世纪 50 年代，30 岁出头、毕业于达特默斯学院的中学校长兼律师乔治·比斯尔组建了宾夕法尼亚石油公司，并且在当地采集了石油样本送到当时较著名的化学家、耶鲁大学的本杰明·西里曼那里进行化验。化验报告证明：不仅可以从这种油中提炼出优质的照明油，还可以生产出许多副产品。1859 年 8 月 28 日，宾州的一口探油井里终于咕嘟咕嘟地冒出了石油。

俄亥俄州克利夫兰市中心高中

发战争财的时机到来了。1861 年 4 月，美国爆发了南北战争，军需物资的订单源源不断地送到了克拉克—洛克菲勒公司。战争虽然给美国人民带来了深重的灾难，但美国的几个著名公司——摩根公司、阿穆尔公司、范德皮尔特公司却在战乱中发了大财。这些公司后来登上了美国的经济舞台，且成了"唱主角的明星"。发国难财是商人们难得的机遇。南北战火燃烧的美国物价飞涨，民不聊生，谷物和日用品奇缺。商人们心狠手辣的战术派上用场了。这一招术对具有大比尔血源的洛克菲勒来说是得心应手的。

大比尔有一句名言："人不为财就是最大的傻瓜。"洛克菲勒的经商才干也许是源于他的父亲，也许是一种天赋。"我是上帝最诚实的儿子，上帝帮助了我！"年轻的洛克菲勒每当发了一笔财时，总是归功于上帝。1856 年，由于奴隶主的血腥统治而引发的南北战争给美国人民的生活带来了极大的困难，物资匮缺，大多数家庭只能用蜡烛照明。有钱的富人买鲸鱼油照明或用电石灯照明，但电石灯照明很不安全，有引起爆炸的危险。一个千载难逢的时机又来临了。

1859 年，在美国的泰特司维尔，一个叫埃德温·德雷克的上校成功地钻出了第一口油井。克利夫兰的商人们亲眼目睹了乌黑闪亮的石油从井口喷出的壮观场景，个个欣喜若狂。这个消息引起的强烈震动绝不亚于 1861 年在美国爆发的南北战争。宾夕法尼亚州的泰特司维尔紧挨着一条宽阔的河流，河面上终年飘着一层乌黑闪光的油污，当地人称它为"石油河"。当地移民对这个污染源深恶痛绝，而印第安人却视它为珍贵的药品，据说它可以治疗胃痛和腹泻。洛克菲勒的父亲还把这些从河上捞起来的黑水注入一只只小瓶里，摆在柜台上出售给那些患病的印第安人。"油往外面淌，美元叮当响。"这是当时流行在油井附近的小酒馆的时髦语言。发现石油后的第五个年头，第一列大西洋——大西铁路公司的火车开进了克利夫兰市。克利夫兰成了铁路枢纽站，有火车从纽约直驶克利夫兰市。这条大动脉在以后复苏美国的经济和商业方面起了不可低估的作用。宽轨铁路一直修到石油开采中心，一座座大大小小的炼油厂拔地而起。据 1863 年的大概统计，大西洋——大西铁道线先后把 150 万桶石油运往了美国各地。它成了美国第一条石油运输线。克利夫兰也成了美国著名的油都了。这儿的石油产量从 1860 年的 65 万桶增加到 1861 年的 90 余万桶，1862 年上升到了 300 多万桶，石油流成了一个又一个的油海，取之不尽，用之不竭，人们欣喜若狂。整个油井周围成了一个不夜城，人们在劳动，在狂欢作乐，在捞取上帝赐给他们的"圣水"。炼油是有利可图的，商人们把眼光投向了炼油业。这个城市先后建起了近百家炼油厂。

后来，洛克菲勒也逐步从经营农产品转移到经营石油上来了。把洛克菲勒拉进这个行业的，是克拉克的朋友塞缪尔·安德鲁斯。安德鲁斯是照明油方面的专家，他认为煤油产生的光将比其他来源的光要亮，市场也更大。为了寻找赞助人，安德鲁斯经常去克拉克和洛克菲勒的办公室转悠。但是，每当安德鲁斯谈起提炼石油的事情，心存疑虑的克拉克便打断他说："我告诉过你，这事没希望，我们不会拿出钱来的。"安德鲁斯转而闯进洛克菲勒的办公室，把他的想法又讲述了一遍。洛克菲勒头一次投资铁路股份获利了，正好手头有一笔钱，他觉得这主意不错，就动员克拉克共同投资 4 000 美元，作为新建的炼油企业—安德鲁斯—克拉克公司一半的周转资金。

洛克菲勒将炼油厂选在一条名叫金斯伯里的小河边，那条窄窄的水路，离克利夫兰市中心只有一英里半的路程，最后流入了凯霍加河。而铁路把克利夫兰同纽约连接了起来，并且使它有了一条连接宾州油田的宝贵通道。由于水陆并举，洛克菲勒在运输成本上占据了低廉的优势。没过多久，沿着金斯伯里河就出现了一连串的炼油厂。安德鲁斯对做生意一窍不通，他让克拉克和洛克菲勒去经营公司，自己只管炼油方面的事。而洛克菲勒对实际炼油过程也十分关心，他经常早晨六点就走进制桶车间，把油桶一个个推出来，因为石油提炼出来之后还会残留下一些硫酸，洛克菲勒就制订计划用那些残余物来生产化肥，这是他头一次想到用废弃物生产副产品。不到一年，炼油业务就成为他们公司最赢利的行当，洛克菲勒紧紧抓住了这个大展宏图的机会，一头扎了进去。

1860 年，洛克菲勒代表一群炼油资本家去了泰特斯维尔油田，以确保自己炼油厂的石油供应。他在油田看到，为了把原油运到铁路边上，人们把它装在桶里，用大车拉着走上崎岖的乡间小路。装满石油的车队在车辙交错的道路上绵延不断，许多油桶从车上掉下来摔破了。原先一派田园风光的山谷也变得一片乌黑，井架、油罐、机房与东倒西歪的小屋杂乱无章地挤在一起。油区到处是赌徒和妓女，道德败坏，简直像地狱一般。就如同早年的淘金热一样，洛克菲勒看出了这个行业的衰败之处。洛克菲勒代表的是资本主义发展的第二个阶段，也是更加理性的阶段，他尽可能地收集资料，坚定地要在这个被上帝抛弃的地方，做个道德的维护者。

第三章　铸就举世闻名的"石油帝国"

从洛克菲勒拥有了自己的炼油厂开始，到他创办了美孚石油公司，他很快就凭借自己超人的智慧和不寻常的手段，吞并对手并建立起了自己的"石油帝国"。等到洛克菲勒38岁时，他已经控制了美国炼油业的90%的产业，并大幅度降低了石油产品的价格。这中间又发生了哪些故事呢？

拥有自己的炼油厂

当初，谁也说不清石油产业会不会是一个朝阳产业，能给人类带来长久的利益。大多数石油生产商在这种未知前景如何的情况下，都想尽快把井里的油抽干，而没从长远考虑。洛克菲勒之所以成功

了，是因为他相信这个行业有着长远的前景。首次宾州之行使他觉得探油的结果实在无法预料，相比之下，炼油似乎既保险又有条理。没过多久，洛克菲勒就确立了这样一个信念：炼油是从这个行业中获得最大利益的关键。

洛克菲勒十分钟情于账本，这使得比他大将近十岁的克拉克很看不惯，觉得他做事刻板，像个小职员。他们终究还是散伙了。至于散伙的原因，洛克菲勒在后来的回忆录里说："因为我贷款扩大炼油业务的事，他非常生气，好像这冒犯了他似的。"洛克菲勒看得出来，克拉克缺少胆略，欠了银行的钱便担心得不得了，觉得洛克菲

勒会把公司所有的资产孤注一掷，所以恼怒不已。1865 年 1 月，石油生产商在一个名叫皮特霍尔河的地方发现了一座油田，并很快魔术般地出现了城市。这成了洛克菲勒同克拉克决裂的催化剂。洛克菲勒请克拉克再签一张借据，克拉克朝他发火道："为了发展这个石油业务，我们一直在借钱，借的钱太多了。"洛克菲勒毫不退让地反驳说："只要借钱能稳稳地扩大业务，我们就应该借。"克拉克企图吓住洛克菲勒，便威胁说要散伙。而洛克菲勒这时已决意要摆脱克拉克和代理贸易业，他正在动员安德鲁斯与自己合作。

三人协商后决定将公司拍卖给出价最高的人。出价最高的人将取得从事石油生意的业务，另一方只能保留代理商行的业务，且以个人经营为主。1865 年 2 月 2 日是洛克菲勒又一个难以忘却的日子，因为这一天决定了他终生的大业。在这一天的拍卖会上，洛克菲勒和安德鲁斯为一方，克拉克为一方。第一个报价的是洛克菲勒："我出价 500 美元！""1 000 美元！"克拉克的报价超出洛克菲勒 1 倍。"40 000 美元！"洛克菲勒的鼻子冒汗了。"50 000 美元！"克拉克当仁不让。"60 000 美元！"洛克菲勒喊出了他心底不愿喊出的高价，他的手心冰凉，头晕目眩。两个人的喊价一次比一次高，双方互不相让，你争我夺。最后洛克菲勒加到了 70 000 万美元。这时的洛克菲勒似乎从上帝那里借来了勇气和力量。"72 500 美元！"洛克菲勒一口气，喊出了比克拉克多 500 美元的价目。

克拉克终于认输了，他摊开双手，无可奈何地说："你能干，这笔买卖归你了。"后来，洛克菲勒在回忆整个拍卖过程时感慨万千地说："我当时是镇定自若的，我抱着必胜的信心，我预料到了最后的结局，也预测了未来的发展。"这时的洛克菲勒年仅 26 岁。

1864 年，在克里夫兰市经营石油生意的洛克菲勒已到了该成家的年龄。他与当地威士忌酒业官商哈克尼斯的女儿劳拉·塞丽斯蒂亚结婚了。这是一位受过良好教育的淑女，她信奉公理会教义，当过小学教师，思想激进，是林肯总统的忠实信徒，主张废除黑奴制度，积极参加解放黑奴的运动。除劳拉投股 60 000 美元外，劳拉的父亲还给女婿资助了 90 000 万美元的流动资金。

由于洛克菲勒是一位精明的会计师，他的求婚、订婚和结婚的费用都是极其节省的。每次的费用他都记在自己的私人账簿上：第一次求婚买鲜花 0.6 美元，第二次是 0.5 美元，最多的一次竟用了 1.5 美元。4 月 8 日，他购买了一只价值 118 美元的钻戒。9 月 8 日的婚礼用去了 20 美元，领取结婚证书 1.1 美元。新婚去尼亚加拉瀑布旅游花费 0.75 美元，购新娘用的垫子 1 个花费 0.75 美元，邮票 0.03 美元。这些真实的数字都是有据可查的。它们被载入了洛克菲勒 1864 的年第二册分类账簿上。婚后，精明的洛克菲勒甚至记下了付给妻子劳拉的每笔饭费：2 美元、0.25 美元、0.75 美元、0.35 美元……

在石油大战的年代里，洛克菲勒把全部的心血都倾注到了被称为"流淌着的黄金"的石油事业上去了。当其他人都在尽情享乐时，他正投入在一份石油业的总体策划之中，在为创建美国第一家石油公司而绞尽着脑汁。

在洛克菲勒的脑海里，出现了一行行的油井，一排排的炼油塔，无数触须从他头上伸出，伸向全美国和全世界。洛克菲勒和安德鲁斯开始着手增强公司的实力。洛克菲勒的智能发挥到了每一个细小的环节上，诸如资金调拨、市场推销、储油设备、运输环节、油桶成本核算等。

在一位新的精明能干、大胆泼辣的合伙人—费拉格勒参与到公司中来后，公司易名为洛克菲勒—安德鲁斯—费拉格勒公司。洛克菲勒正在发挥他的"扩大生产"的战略战术，把大量的资金投入到原油的炼制生产中，以扩大产量和打入新的市场。这家三人公司几乎垄断了铁路专用运油车皮。

虽然湖滨铁路公司的运输工具很紧缺，但在金钱的驱使下，铁路公司的新任副董事长詹姆斯·德弗罗爽快地答应洛克菲勒—安德鲁斯—费拉格勒公司，每天拨给他们 60 节专用运油车皮。从此以后，洛克菲勒—安德鲁斯—费拉格勒公司生产出来的油告别了陈旧的运输方式。这就大大加快了炼油厂产品的运输速度，迅速占领了国内市场。聪明的洛克菲勒抓住了这一大好时机，吸引了一大批资金雄厚、想发财而不得其道的农民入股。后来在克利夫兰市的一栋不显眼的建筑物的大门口，挂出了一块崭新的公司招牌——美孚石油公司总部。这就是全美国第一家最大的石油公司，注册资金为100 万美元。洛克菲勒先声夺人的举措无疑给全市 50 多家小公司当头一棒，许多小公司只好关门。

随着石油开采和加工业的竞争愈演愈烈，生产过剩、供过于求、质量低劣等问题出现了。洛克菲勒决心在炼油质量上取胜，以赢得市场。于是，洛克菲勒的新招术出笼了。他用贷款扩大了一家炼油厂的生产规模，制定了新的炼油标准，并把这家炼油厂改名为"标准炼油厂"。洛克菲勒命令工厂生产一种质量较高的用于照明的煤油，他把自己的产品送到市场后，让店主点燃装有"标准煤油厂"提炼出的精油的灯和装有普通煤油的灯，并进行对比，请围观的老百姓看个明白："标准炼油厂"的产品质量是一流的！这一招果然灵验，因为这种煤油质量优良，点燃后没有烟尘，因而越来越受到顾客的欢迎。"标准炼油厂"的产品物美价廉，销路大增，洛克菲勒的财富也滚滚而来。

为了推销产品，洛克菲勒还使用了"买赠"的促销手段，他的工厂制造出了几百万盏新颖的煤油灯，作为"标准油"的赠送产品，这样，只要买了"标准油"的顾客都可以得到这种新颖的煤油灯。后来这种灯和标准油一道遍布全美国，并打进了欧洲和中国的市场。久而久之，人们习惯成自然，把一切煤油灯都叫"美孚灯"。洛克菲勒说，这种油灯是"照亮亚洲的光明之灯"。上了年纪的中国老百姓，应该仍记得"美孚油"和"美孚灯"。

由于南北战争的影响，1870 年成了美国经济不景气的一年。铁路货运量在这一年明显下降。湖滨铁路总公司为了挽救经济滑坡的惨局，苦思良久，终于推出了成立"南方改良公司"的设想。铁路公司将联合主要炼油中心的最大炼油厂，提高运费。参与组建南方改良公司的炼油厂家可以利益均沾，享受丰厚的回扣以得到补偿。谁要是拒绝参加，那么破产的灾难将会降临在他们的头上。费拉格勒、洛克菲勒和他的弟弟威廉三个人都十分乐意入伙，他们持有南方改良公司的 2 000 股原始股的四分之一。因此，美孚石油公司获得的利润远高于其他炼油企业。

抢占全球市场

1874 年，洛克菲勒暂时还处于平静时期。那时他还孤守一隅，在国际上默默无名。但是，少数目光锐利的人士却从这位 35 岁的企业家脸上，读到那大有作为、万里鹏程的灿烂前景。尽管那时他在世界上，甚至就在美国中北部的工业城市克利夫

Owego 学院，纽约

兰，还算不上是首屈一指的富户，但他仍不失为掌管着这座钢铁石油城的新兴工业贵族中的佼佼者。

19 世纪 80 年代初，标准石油在很长一段时间遍布了全球，洛克菲勒因此扬名海外。为了研究国外市场，标准石油公司在 1882 年派石油商人威廉·赫伯特·利比去远东进行了为期两年的调查。利比注意到"石油比商业史上任何一种源自一地的产品的渗透性都强"，于是他们便在中国、日本和印度等地劝说人们使用煤油。正如洛克菲勒所说："在许多国家里，我们得先生产油灯，再教当地人学会使用煤油。"当利比看到一本宣传煤油灯安全可靠的小册子翻译成中

文、一艘艘小舢板满载标准石油公司的产品沿河而上，向中国内陆深处驶去时，他满意地笑了。为了扩大煤油的需求量，公司除以代价出售煤油灯和灯芯外，还免费赠送油灯给第一次买标准油的顾客。

可是自从里海边的俄国巴库喷出原油后，到 19 世纪 80 年代末，巴库郊外已汇集了二百多个炼油厂，价格低廉的煤油很快充斥欧洲市场，抢占了标准石油公司的市场。美国驻巴库领事 J·C·钱伯斯被标准石油公司派去收集情报，他发出警报说："俄国人野心勃勃，要把美国石油从世界市场上赶出去。"洛克菲勒大吃一惊，为了与俄国人抗衡，他在整个欧洲降低油价，并且开始大肆宣传，使人们对俄国煤油的安全性产生怀疑。

果然，激烈的海外竞争再次激起了洛克菲勒的斗志，他决定设立自己的海外机构。1888 年，标准石油公司设立了它的第一个海外分支机构——英美石油公司，很快占领了英国石油市场。两年后，标准石油公司又在不来梅成立了德美石油公司，负责德国的市场。他们还在鹿特丹建了一个石油输送站，签了一个向法国供应全部所需原油的合同，买下了荷兰、意大利石油公司的部分股份，并打算在印度进行一场激烈的价格战。标准石油公司还向欧洲派出了第一艘装载量为 100 万加仑的巨型蒸汽油轮。到 1890 年，标准石油公司为了抢占亚洲的生意，甚至屈尊代销俄国煤油。后来，标准石油公司终于在亚洲设立了一系列营业所，并且向上海、加尔各答、孟买、横滨、神户等地派去了一批代理人。自此，竞争便成了国际石油业一成不变的事实。此时，标准石油公司已拥有了 10 万名员工，洛克菲勒创立的这个石油帝国也已成了世界上最大、最富有的融生产与商业为一体的机构。

洛克菲勒给高尚的定义是这样的：信守合同，及时偿付账单和债务，公平对待小股东，从不发行虚股，等等。为了标榜自己清白的形象，他一再坚持自己的商业信誉和补偿规则。然而，事实上，身处帝国之巅的洛克菲勒还建立了一个广泛的情报网络，他从各地代理人每月交上来的报告单里摘录了厚厚的分类卡片，上面记录着独立石油销售商售出的每桶油的来源。标准石油公司的间谍们收集的情报大部分来自杂货店和铁路运输代理人，这位巨头在百老汇26号里能看到他的王国在最偏远的角落如何与对手竞争。标准石油公司最常用的策略就是大量散布谣言，说那些为数不多的独立销售商都在苦苦挣扎，用不了多久就会无力供应石油，以吓跑独立销售商的客户。

洛克菲勒执著于用良心做事，因此他寄情于一个崇高的主题：用低廉的价格给人类带来光明。他早年在油溪观看钻井时，曾默默盯着那口井慢慢说道："这是穷人的光明。"这样的话在他的书信中随处可见。洛克菲勒在偏远的农村长大，曾在烛光下看过书，他理解廉价煤油所带来的革命性变化。他醉心于用低成本、高产量的生产保住市场份额，为此他不惜暂时减少利润。正如他本人所言："标准石油公司一直奉行这样一个理念：我们一定要提供最好的服务，满足于大量增加的业务，而不是增加利润去诱使别人与我们竞争。"洛克菲勒明白，如果自己太贪婪了，别人就会用其他产品取代煤油。

1883年，由 J·N·皮尤为首的一个商业集团用管道把天然气送到了匹兹堡。洛克菲勒从中受到了启发，他认为天然气是对石油生意的补充。他建议标准石油公司在天然气这个领域里发展。两年内，标准石油公司就把天然气从宾夕法尼亚西部输送到了俄亥俄州和纽约州的各个城市。到了90年代，洛克菲勒已经秘密掌管着泰特斯维尔、石油城、布法罗和其他13个地区的天然气公司。1886年，标准石油公司创建了天然气托拉斯，洛克菲勒成为最大的股东。

艰难的抉择

　　自宾夕法尼亚州发现石油25年后，美国境内再也没有发现大油田，因此洛克菲勒的"石油帝国"的坚实性受到了人们的置疑。洛克菲勒长期以来也被两个噩梦所缠绕：一是石油枯竭使自己的石油管道和炼油设备无事可干；二是他们的产品被大量的廉价石油所淹没。在19世纪80年代初的一次高级经理会上，有人甚至建议标准石油公司退出石油业，转行到更为稳定的行业中去。洛克菲勒听完这悲观失望的发言后，站起身仰天祷告道：

"上帝会赐予我们一切。"他深信标准石油公司会有很好的发展前景。

尽管标准石油公司在炼油、运输和销售等方面已经处于全面垄断的地位，可是直到 19 世纪 80 年代初，它还只拥有四处石油生产基地。鉴于宾夕法尼亚油田的石油已枯竭，洛克菲勒担心可能得使用俄罗斯原油，这对于标准石油公司来说，可能是致命的打击。于是洛克菲勒在 1884 年就开始催促手下建立原油储备。一个转折点出现了，1885 年 5 月，一支勘探队在俄亥俄州西北部的莱玛镇寻找天然气时，意外地发现了一片油田。到那年年末，那儿四周一下冒出了 250 多个石油井架，并且一直延伸到了印第安纳州。但美中不足的是，从原油中提炼出的煤油在燃烧时会在灯上形成一层薄膜。更麻烦的是，那里的石油中硫化物含量太高，会腐蚀机器，并且散发出一种难闻的气味。即便这样，仍没有让洛克菲勒对俄亥俄和印第安纳的油田失去信心。为了解决质量问题，洛克菲勒在 1886 年 7 月请来了一位名叫赫尔曼·弗拉希的著名德裔化学家，他交给化学家的任务是：去掉莱玛原油中的异味，把它变成可以销售的商品。此时标准石油公司正面临着两难的选择：一是相信弗拉希一定能成功地把俄亥俄和印第安纳交界处大片土地全都买下来；二是冒着失去大笔财富的危险，等弗拉希做完实验再说。洛克菲勒尽管一向行事谨慎，但却不失远见和胆量，他决定在莱玛石油上投下一大笔钱作赌注。这个决定遭到了董事会中以普拉特为首的一批人的强烈反对。为打破僵局，洛克菲勒在董事会上提出："我用自己的钱进行这项投资，并且承担两年的风险。""两年后如果成功了，公司可以把钱还给我；如果失败的话，由我来承担损失"。他决定拿出 300 万美元——相当于 1996 年的 4 700 万美元来投资。

标准石油公司花了数百万元买下了莱玛的油田，还铺设了输油管道。那时这种"臭鼬石油"即使每桶只卖 15 美分，仍没有市场。公司决定把这些石油库存起来，到 1888 年存量已达到 4 000 万桶。当然，洛克菲勒在这场赌博中没有单纯依靠化学家们，他还到处寻找净化这种难闻石油的新途径。

洛克菲勒派出一批批推销员和技术人员去动员铁路公司、旅馆、工厂和仓库用石油代替煤炭做燃料，但这些生意并未做大。直到 1887 年 10 月，弗拉希用氧化铜去硫法在处理莱玛原油上取得了成功，生产出了可以上市的煤油，公司全力以赴地投入了石油生产。洛克菲勒恢复了活力，开始进行这一行业前所未有的大并购。1890 年，他吞并了联合石油公司和其他三家大型石油生产公司，控制了宾夕法尼亚和西弗吉尼亚州 30 万英亩的土地，从而成了石油行业中的头号霸主。

托拉斯之父

在商战中，洛克菲勒讨厌用价格战驱逐竞争者。他更愿意向竞争者们提供现金或标准公司的股票，买下他们的炼油厂。他是认识到了兼并价值的一名先驱者，洛克菲勒在兼并公司的同时，还网罗了一批能人，用他自己的话说："那价值远远超过被兼并的所有公司。"

1879 年年底，标准公司已控制了全美 90% 的炼油业。到了全美 1880 年，生产出的石油，95% 都是由标准石油公司提炼的。美国有史以来还从来没有一个企业能如此完全彻底地独霸过市场。

此时，洛克菲勒的律

第一口油井为 E·L·瑞克——
一个退休的火车检票员所钻得。1859 年
他开始在宾西法尼亚的泰特斯维尔钻井

师多德提出了"托拉斯"这个垄断组织的概念。在多德的"托拉斯"理论指导下，洛克菲勒合并了 40 多家厂商，垄断了全国 80% 的炼油工业和 90% 的油管生意。1886 年，标准石油公司又创建了天然气托拉斯。标准石油公司最后定名为美孚石油公司。托拉斯则迅速在全美各地、各行业间蔓延开来。洛克菲勒通过气势如虹的兼并和扩张垄断了美国的石油工业，而被人称为"石油大王"。世界首富比尔·盖茨把洛克菲勒作为自己唯一的崇拜对象："我心目中的赚钱英雄只有一个名字，那就是洛克菲勒。"洛克菲勒中心的 53 层摩天大楼坐落在美国纽约第五大道上，这里也是标准石油公司的所在地。标准石油公司创立之初仅有 5 个人，而今天该公司拥有股东 30 万，油轮 500 多艘，年收入已达五六百亿美元，可以说，这里的一举一

动牵动着国际石油市场的每一根神经。整个中心犹如一个庞大的帝国，而这个帝国的奠基人就是洛克菲勒。洛克菲勒创建了一个史无前例的联合事业——托拉斯。

垄断企业对经济的控制令社会不安，身为垄断者的洛克菲勒也得罪了很多人。在老罗斯福总统《反托拉斯法》的大棒之下，美孚被肢解。气急败坏的洛克菲勒痛骂老罗斯福为卑鄙小人，而且发誓不再资助共和党的候选人。

应对垄断的指控

洛克菲勒的标准石油公司成为了"大型垄断企业的鼻祖"，也成为了众人批评的焦点。1888 年美国大选时，反对各种托拉斯——包括石油、威士忌酒、糖业以及其他几十个行业托拉斯的抗议活动，在许多地方爆发，迫使竞选两党在施政纲领中都严厉地谴责经济太集中。

随着越来越强烈的批评声，洛克菲勒也受到了政府的严格审查。1888 年，纽约州参议院的一个委员会在调查标准石油公司时才发现与洛克菲勒打交道很难。一位送传票的司法人员来到百老汇 26 号公司办公地找洛克菲洛，却被告知洛克菲勒出城了。他来到第 54 西大街 4 号，又被告知洛克菲勒在家里，但不见客。为了防备这位大人物一大早溜掉，这位司法人员在洛克菲勒家的门廊下凑合了一夜。

然而，第二天天刚亮他
按响门铃时，却被告知
洛克菲勒已经离开了。
为了应对纽约参议院的
听证会，标准石油公司
聘请了一位名叫约瑟
夫·乔特的著名律师。

见面时，洛克菲勒热情地同他打过招呼后，便歪在长椅上显出一副
无精打采的样子。乔特试图就公司事务询问洛克菲勒的意见，他却
滴水不漏，使乔特十分灰心。

1888 年 2 月的一个上午，48 岁的洛克菲勒身穿外套，头戴礼
帽，在乔特的陪伴下来到了纽约市最高法院的法庭上。乔特很快就
发现，他根本不必为洛克菲勒担心。洛克菲勒拥有和那个时代的许
多商人一样的机智，擅长于做出模棱两可的回答。他甚至还假装成
了一个茫然、健忘的家伙，和蔼可亲却又有点思维混乱，像是迷失
在标准石油公司巨大的迷宫里。向洛克菲勒提问的是该委员会的法
律顾问罗杰·普赖尔，他盯着洛克菲勒，用手指指着他以示谴责。洛
克菲勒却始终很平静，这使两人形成了强烈的对照。洛克菲勒在证
词中首次提供了标准石油公司在 1882 年起草的托拉斯协议，公开了
8 位现任受托人的姓名，透露了公司当时拥有的 700 位股东。最令
人吃惊的是，他列出了此前从未公开过的属于托拉斯的 41 家公司。
为了反驳标准石油公司是一家垄断企业的说法，洛克菲勒提交了一
份 111 家与其竞争的炼油厂的名单，同时还述说了他与俄罗斯石油

业展开激烈竞争的动人故事。但是，无论洛克菲勒提供的证词如何出色，该委员会的报告还是称标准石油公司是"本大陆上最难对付的金钱实体"，是"原始的托拉斯"。

建立洛克菲勒石油王朝

洛克菲勒决心消灭阻碍美孚石油公司发展的竞争对手。摆在这些竞争对手面前的只有两条路：一是心甘情愿被美孚石油公司公司兼并；二是一意孤行，蛮干到底，最后在运费回扣制的束缚下破产。洛克菲勒为了尽快消灭竞争对手，他给银行家和铁路公司送去了美孚公司的股票。这一招果然奏效，想独立经营的炼油厂家资金难以筹及，经营一蹶不振，破产之时指日可待。

约翰·戴维森·洛克菲勒头像照

值得一提的是，洛克菲勒施展的商战阴谋对任何人无一例外，包括他的弟弟。他曾警告过他的弟弟弗兰克·洛克菲勒，让他赶快缴械投降，把财产转移到美孚公司的账户上来。他告诉弟弟，他已经和铁路公司联合起来了，美孚石油公司很快就要收购克利夫兰大大小小的炼油厂，他说："我们的大门暂时为你们敞开，如果你们一意孤行，不听指挥，你们将会破产，如果不把产业卖给美孚石油公司，一夜之间，这些财产将会变成水。"弗兰克没有听命于哥哥，结果十分凄惨狼狈，破产后过着极为贫困的生活。

弗兰克和洛克菲勒终于反目成仇，弗兰克谴责他的哥哥，说他没有良心，心狠手辣。弗兰克死后，他的儿子遵照父亲生前立下的遗嘱，把他安葬在了远离洛克菲勒家族茔地的一个小山坡上。面对洛克菲勒的商战政策，铁路公司决定对运油的客户一视同仁地收取费用。宾夕法尼亚州的立法机构还撤销了对美孚石油公司特许状的法令。为了保护自己的利益，石油商们还成立了保护协会，集资100万美元，挽救快要破产的大小油商。保护协会通过决议，不让一滴油流进美孚石油公司的储油罐。风波似乎平息了，危机似乎也过去了。然而，在克利夫兰这块石油宝地上，洛克菲勒却变得更强大了。克利夫兰的炼油设备几乎全部掌握在美孚石油公司的手中，克利夫兰市的25家炼油厂在洛克菲勒的威逼下只剩下3家没有被美孚石油公司收购。洛克菲勒下令，在全国要不惜血本收购炼油厂，越快越好。他恨不能一夜之间收购完全美国的石油公司，进而独霸世界石油市场。

历经3个月，洛克菲勒——这个美国工业王国的"拿破仑大帝"几乎荡平了克利夫兰石油区、费城和匹兹堡的一切竞争对手。当然，仍有一些石油商不肯放弃一线生机，仍想和洛克菲勒比试高低，但他们成不了大气候，后来也一败涂地了。据1878年的不完全统计，美国每年的石油总产量为3 600万桶，美孚石油公司的产量就达到了 3 300 万桶，占全国总产量的 90% 以上。人们惊呼，自从哥伦布发现新大陆后，没有谁能像洛克菲勒一样独领工业王国风骚，成就洛克菲勒石油王朝。洛克菲勒始终不理解油商们为何那么愤恨他。他认为与其压垮和挤垮这些可怜的油商们，还不如负责任地收购他们的财产。他认为小企业、小商小贩的黄金时代已经一去不复返了，由几百家几千家互相冲突、设备陈旧的小炼油厂组成的美国石油工业已不能满足美国这样的大国对石油的需要。为此，只有吞并那些小的炼油企业，整合优势资源，大规模地开采、提炼石油才能给美国的经济带来活力，才能让美国的石油走向世界。

低调的经营模式

洛克菲勒做事较为低调，也不羡慕地位和权力，他从不参加社会活动。政治、艺术、书籍、戏剧对他都没有特别的吸引力。他生活很俭朴，也不贪图享受。他的生活很规律：他总是按时上下班，按时回家，休息日上高尔夫球场、上教堂。就寝前他会把账簿翻出来，反复地检查每项开支的正误。

有一天，他和一位同事驱车沿着一

条幽静的乡村公路行驶。突然，他们看见一个少年坐在马拉雪橇上吹口哨，神情洋洋自得。洛克菲勒就告诉他的同事，这个孩子长大了将一事无成。同事迷惑不解。后来洛克菲勒告诉他说，这个孩子无心干自己的正经事，忘了自己是在赶马拉雪橇，将来他会误事的。

洛克菲勒经常深入公司各部门和炼油厂明察暗访，仔细地寻找员工的点滴漏洞和毛病。有时他会突然出现在一群年轻的会计员、统计员面前，翻阅他们做好的分类账簿，熟练而迅速地找出差错和问题，弄得那些年轻人面红耳赤。有一次，他突然来到仓库，找到发放石油桶塞的记录并质问保管员："三月份库存清单上写着还存有10 750只塞子，四月份又买进了20 000只，后来领走了24 000只，最后，单子上显示库存只有6 000只，那么，你这个仓库里的另外750只桶塞飞到哪里去了？"保管员哑口无言。洛克菲勒事无巨细，他认为只要能省下1厘钱的事也值得去干。

还有一次，他来到一家出口煤油的工厂，在封装车间，他发现每封一个油罐需要点40滴电焊。他对工人说："能不能只点38滴电焊？"工人试了一下，用38滴电焊点封的油罐有的会漏油。用39滴电焊点封的油罐却没有一个漏油。他当场命令工人，以后只能用39滴电焊料点封一个油罐，一滴也不能增加。以后，凡是洛克菲勒公司出厂的5加仑煤油罐都用39滴焊料，它成了公司的一项明文规定。他和蔼地告诉公司员工："积钱好比针挑土，我的钱就是这样一分一厘挣来的，这就是诀窍。"

洛克菲勒是一个头脑精明的企业家。他组成的美孚托拉斯有40家公司入伙，其中只有14家公司的财产所有权属于洛克菲勒，这个托拉斯的组织十分复杂，然而却是有序的。合法的组织与不合法的组织并存，它像一座叫人难以揣测的迷宫。这座高深莫测的迷宫成功地防止了外界对它的渗透、调查、揭露。有人得出这样的一个结论：根据美孚石油公司的财产来判断，它是看得见、摸得着的，然而在某些方面却叫人捉摸不定。

洛克菲勒的商业眼光和智力堪称是一流的。1886 年，在美国俄亥俄州的西北部和印第安纳州东部开发了一个含硫过高的油田。由于无法提炼，这种劣质油是不可能进入市场的。许多专家都主张舍弃这种每桶售价仅 0.15 美元的"酸油"。洛克菲勒力排众议，主张大量收购这种价低质劣的原油。执行委员会的所有委员都在咒骂他，他们说，如果按洛克菲勒的意见办，我们的财产和老婆都要赔进去，偿还不了银行的贷款，人家会把我们送上法庭，我们会死在大牢里。然而，洛克菲勒要干的事是雷打不动的。他自己筹足了钱，购进了一大批"酸油"。洛克菲勒不惜重金聘请了一名化学家，这位化学家来到利马油田一晃就是两年。经过一百多次的反复试验，他终于找到了成功脱硫的办法。当化验报告送到洛克菲勒手中时，委员会全体成员每人手执一瓶香槟酒高高举过头顶，顿时香槟的泡沫把洛克菲勒全身都浇湿了。洛克菲勒说："朋友们，我们的运气来了，上帝怜惜我们花去了那么多试验费，我们要向上帝谢恩。"1888 年，经过脱硫的石油每桶从 0.15 美元涨至 1 美元，几乎翻了 7 番。洛克菲勒马上建议在利马开办全美国和全世界最大的炼油厂——利马炼油厂，对这座储藏量最大的油田开采出来的石油进行高技术脱硫处理。近 3 亿美元的利润流进了洛克菲勒的金库里。洛克菲勒的远见就像拿着一架穿山望远镜。洛克菲勒的心里装着一个庞大的全球销售网，这个如同蜘蛛网一样的网络把美国和欧亚两洲的大小城镇都囊括进去了。这时，美国的对外贸易中，石油销售一直排在首位，为美国赚取了几百亿美元外汇。尽管有俄国的巴库油田和诺贝尔兄弟经营的石油企业和美孚石油公司，洛克菲勒一点也不感到不安和惊慌。美孚公司的竞争策略就是质优价廉，仅此一策，已经把竞争对手远远地抛在后面。

为了说明洛克菲勒的胆识和魄力，这里可以举出一个精彩而使人感兴趣的例子：有一次，有人向洛克菲勒报告说一家炼油厂起火了。洛克菲勒只是简单地画了一张草图，标明了新建油塔和厂房的位置，把它交给一名建筑师后，洛克菲勒对大家说："我们马上要在这儿盖新厂房了，新厂房至关重要的就是防燃，我们要汲取火灾的教训，把火灾发生的几率减少到零"。说完他便钻进了汽车里，向司机挥了一下手："回总部！"洛克菲勒视浪费为罪恶，他的饮食很简单，虽然他有着亿万家财，但他每天的午饭只有一份罗宋汤、三块面包、一小块黄油，高兴的时候就在面包上加抹一点俄国红鱼子酱。一生中，他不曾为客人们大摆过筵席或举行过盛大舞会。家人的生日也从来不摆阔气。他清楚地记得妻子和儿女的生日，妻子和儿女也会在生日那天收到洛克菲勒的一份礼物，比如：妻子可能会得到一束鲜艳的玫瑰，女儿可能会得到除鲜花以外的一个小型胡桃肉蛋糕，儿子可能会得到一条15美元的领带。而他自己的生日呢，大部分是在高尔夫球场度过的。他忠于结发50多年的妻子，疼爱自己的孩子，但不会溺爱他们。他尽到了一个丈夫和父亲的职责。

　　洛克菲勒很有民主作风，他喜欢听取大家的意见，以便帮助自己决策。他的周围有着一批务实、能干、讲效率、有魄力的员工。洛克菲勒开诚布公地说："我们是一个没有明显对抗却矛盾百出的公司，我们的方针之一就是动之以情，晓之以理，和气生财。我们的公司具备世界第一流的干将，他们是弗拉格勒、哈克纳斯、佩恩、安德鲁斯、还有我的弟弟。我们好像一个和睦的集体、一个和谐的幸福大家庭。我们一旦制定好了前进目标，就会赴汤蹈火，在所不辞。我们确信，经过大家的共同努力，我们是不会失败的"。大胆假设、小心求证，耐心听取各种意见并展开坦率的讨论也是公司克奇制胜的要领之一。

美孚走向世界

　　为了适应未来业务的拓展，洛克菲勒作出了一个大的决定：告别自己的发迹之地——油城克利夫兰，把公司总部迁到美国金融中心纽约市的百老汇大街 26 号。这座大厦有 14 层楼高，当时号称纽约第一摩天大楼。他自己曾租住在一家不大的旅馆里，后

来他又花了 60 万美元购下了一栋四层的褐色建筑物作为自己的住

处。这栋楼房位于纽约市西五十四街 4 号。今天，这座富有纪念意义的建筑物仍保存完好，并经常有人去参观。人们在参观后不由地发出感叹："洛克菲勒这个人太不会享受了！"这栋建筑物既单调又平常，像一栋大学生公寓，没有过多的装饰，更没有亿万富翁的派头。一楼的房间很大，足够洛克菲勒全家人每周举行圣经班班会和唱诗会。洛克菲勒每周都会准时参加这种宗教活动，轻松愉快地和家人待在一起，享受讲故事和唱诗的乐趣。住宅的后面是一个滑冰场，这是他招待社会教友的最好活动场所，能够让大家尝试室内滑冰的乐趣。洛克菲勒家里来的客人是不允许喝酒、玩纸牌游戏的，这似乎已成了洛克菲勒招待朋友和宾客的一项规矩。

洛克菲勒不喜欢亲朋好友干预他的正常工作和生活。当他每天出现在办公室时，他的表情极为严肃，他不许别人破坏他行之有效的指挥权。随着公司的日益壮大和发展，他丝毫没有放松纪律和严密有效的管理。公司的总部下设制造委员会、生产委员会、润滑委员会和出口委员会，各所属子公司和海外公司每月必须赶到纽约总部——百老汇大街 26 号，全面汇报各项工作的进度。作为公司执行委员会主席的洛克菲勒，不时会在汇报中插话或纠正下级汇报中出现的数字差错。洛克菲勒具有一流的企业经营头脑，他把数据比作金钱。他说，正确的数字就是金钱，没有正确的数字指导生产，就如同盲人骑瞎马，是会摔到悬崖下面去的。他精通会计学和统计学，他更是统计分析、成本会计和单位计价的先行者，也是第一位企业成本核算的大师。

"我们在计算时要绝对精确，每加仑汽油的成本应该计算到小数点以下三位数，精确计算到每分钱的千分之一。我们售给消费者的煤油的利润是微乎其微的，这叫薄利多销。"他经常教训自己的部属关心每一分钱的价值，关心每一厘钱的利润，不能因小失大。1879年，洛克菲勒从上报的报表中发现两个炼油厂提炼每加仑煤油的成本相差悬殊。他连夜写了一封长信去质问西部炼油厂的经理："为什么你们厂提炼每加仑煤油的成本是 0.0182 美元，而与你们同等条件的东部油厂的成本只有 0.0091 美元？"不久，这个炼油厂的经理丢掉了饭碗。新上任的经理花了 9 个月的时间终于把炼油成本降了下来。薄利多销是洛克菲勒的商业销售政策中至关重要的一项。他经常告诉他的下属，我们是在为穷人炼油，穷人需要的是既好又便宜的油，我们是靠物美价廉赢得信誉的，我们更是靠这种销售准则击败我们的竞争对手的。只有通过这一招，我们才能得到全国和世界各地更多的订单，我们的生意才会红火，更多的钱才能源源不断地流到我们的储金库来。

经过洛克菲勒的苦心经营，他的公司在世界 80 多个国家和地区，终于不必担心竞争对手的任何突然袭击了。到了 19 世纪 90 年代，美孚公司的原油、煤油和其他产品占美国和世界石油销售市场的 28% 以上。洛克菲勒常在公开场所发表言论，告诉自己的竞争对手：在市场价值规律的左右下，我们井水不犯河水，我们应该彼此协调关系，彼此尊重对方的经营手段，让我们和平竞赛吧！

与此同时，洛克菲勒却私下对自己的部下说：我们要随时防范不测，睡觉时最好要睁开一只眼睛，一切不测常会发生在疲劳和松懈之时。1889 年冬，洛克菲勒把自己想引退的事单独告诉了他的少数几个助手。因为他经常失眠，还患有头痛、胃痛、胸闷等多种综合症，总之，他积劳成疾，整个神经系统紊乱了。此时的他很消瘦，头发也脱落得几乎完全秃顶了，外出时，总要把那顶又厚又大的呢礼帽扣在自己的头上。显然，他是不甘心离开这个曾日夜奋战的商场的。他像一位常胜将军，提起打仗便会忘却一切，拔出利剑，跨上战马，带病出征。

洛克菲勒16岁投身商海时还是一个乳臭未干的黄口小儿。41年来，他赤手空拳地打下了一座座金山，使自己成为全美国第一号阔佬。57岁退位似乎太早了一点，他万万没有料到自己退休后又活了另一个41年。

在1893年，他秘密地购进了离纽约州不远的地产，在那里盖了家庭别墅，以便在这儿住些时日再去拜见上帝。3年以后，别墅落成，他在极为保密的情况下开始把家具和一切私有财物搬到波坎铁柯山别墅。除了百老汇大街26号总部的下属知道他的乔迁之喜外，任何人都不知道洛克菲勒离开了他的第二发迹之地。他把大权移交给公司第一副总裁阿契博尔德先生的那一天，天正下着倾盆大雨，在26号公司总部，洛克菲勒与几个送别者都洒了一把离别泪。不一会儿，雨过天晴，太阳露出了笑脸，洛克菲勒破涕为笑，汽车的喇叭声催他启程了，他的手被新任总裁和几个副手紧紧拽住。他生气地挣脱了，笑着说："又不是上帝在催我上路，我还会助你们一臂之力的，还是打我的招牌吧，我的名字会给你们带来好运的"。

自从爱迪生发明电灯以后，洛克菲勒这个"光明使者"的誉称只好让位给爱迪生。煤油灯在美国的生命指日可数了。但柴油机、福特汽车公司 T 形车的问世又给美国的石油工业带来了勃勃生机。洛克菲勒创办的美孚石油公司仍然是石油王国里的国王，没有任何一家公司可以和它匹敌。这样一来，洛克菲勒建立起的石油王国或洛克菲勒王朝，独占美国建国早期 60 个最大家族的鳌头，并成为资本主义世界第一个拥有 10 亿美元财产的大富翁，从此可以心安理得地退居幕后、安享富贵，以太上皇自居了。

隐退的洛克菲勒仍然是美孚石油公司的主心骨，公司一切关键性的决策都必须通过洛克菲勒批准。各委员会的人事任免，主要子公司的人事安排和调动，都要这位"尊贵的国王"下旨或点头。

中国宫廷"垂帘听政"的听政者要静坐在皇帝上朝的龙座之后，而洛克菲勒的"垂帘听政"是在绿茵茵的高尔夫球场，在幽静的别墅林荫道上。在世界落后的国家里，在最黑暗的穷乡僻壤，美孚石油公司的产品还通过肩挑人扛、牛车、马车、骆驼运往千家万户。批发和零售代理商沿着亚洲苏门答腊东海岸前往暹罗、婆罗洲和法国殖民地——印度支那半岛。

美孚公司的专用油船载着成千上万吨煤油在中国的广东、福建、上海、天津等港口停泊，平均每 10 个中国人中就有一盏发光的"美孚灯"。

政府对 "美孚" 的影响

由于新闻界和出版界的攻击，洛克菲勒曾多次在各种调查委员会上接受调查，当时的一家晚报披露了洛克菲勒在接受调查时的特有"风采"："手执文明杖

的洛克菲勒仍穿着那件常穿的青色短大衣，头上的那顶礼帽已经褪了颜色，面容显得有些难看，他毕恭毕敬地坐在一个指定的椅子上，他解开了大衣上的最后一颗铜纽扣，双腿交叉着，两只手不停地抚摸着裤子的膝盖部分。他的两只炯炯有神的眼睛一会儿望着调查委员会成员，一会儿又望向窗口。他尽量压抑内心的不安和恐惧，故意装出一副绅士派头。他回答委员们的问题时更令人啼笑皆非。忽而拉长了脖子，似乎什么也没有听到，忽而一问三摇头。'不知道，想不起来了''我没有听说过'成了他说的最多的话。与其说是接受调查，不如说洛克菲勒先生在演哑剧。哑剧的导演似乎是他的私人律师。"参加采访调查的一位《世界日报》的记者说，洛克菲勒先生的表演艺术达到了登峰造极的地步，我们更钦佩这位大富豪的

"健忘术"。

1894 年，美国出版了劳埃德写的一本书——《个人财产对抗公共财富》。这本书在抨击洛克菲勒时并没有点名道姓，明眼人一看便知道书中的"自封为世界之光的总统"是谁。全书把洛克菲勒说得一无是处，且把他说成是一个罪行滔天、十恶不赦的恶魔。这部风靡全美国的畅销书竟印了 25 万册，刷新了当年美国出版物的发行纪录。

在洛克菲勒受攻击的同时，新上任的总裁也是新闻媒体、消费者和油商们攻击的靶子。原来，洛克菲勒离任后，公司的决策者们为了弥补竞争中造成的损失，只好违背洛克菲勒的初衷，不惜提高油价，以便把更多的竞争对手赶出石油行业。新总裁还经营其他业务，有时甚至操纵股票市场，拼命争夺股东代表权，鲸吞和接管濒临倒闭的公司。洛克菲勒的弟弟和他公司的几个头目是金融界的大投机家，很多人都认为是洛克菲勒在幕后操纵。对于这点，很多时候他都是默默接受，不作任何解释。

刊登在 1897 年 9 月 18 日的《世界日报》上的一篇文章更是危言耸听地写道："美孚石油公司的头头们是一群吃人肉、喝人血的野兽，他们把有秩序的世界搅得天翻地覆、民不聊生，有些中产阶级被迫沿街乞食或开枪自杀，他们掠夺妇女、儿童、老人、寡妇和小商小贩口袋里剩下的最后一分钱。这是一伙有组织的匪徒和强盗。"

今天，史学家和研究工作者在仔细分析了洛克菲勒王朝的来龙去脉之后认为，洛克菲勒"石油王朝"和美国资本主义经济的发展和演变是在"文明"的前提下完成的，心狠手辣的美孚石油公司只不过是这种社会制度的一个最突出的代表和例证。美国经济学家们可以找出很多例子证明，19世纪末，美国政府的国内政策和外交政策间接或直接地帮助了洛克菲勒的美孚石油公司对外拓宽业务的需要。

在国外，美孚石油就是美国的代表。美孚石油公司的兴衰就是美国的兴衰，美孚石油公司的需要就是美国的需要。美孚石油公司和美国同呼吸共命运。美国驻东南亚的外交使节为美孚石油公司提供了许多拓宽业务的情报，他们以绝密的方式通过外交信使的绝密邮袋为美孚公司传递情报，并从洛克菲勒那里接受过无数次数额巨大的金钱报偿。当年，美国驻中国公使约翰·杨甚至公开帮助美孚石油公司推销"美孚牌"煤油。他还亲自用中文设计了一份给中国人的广告，这份绘有漫画插图的广告，用通俗易懂的中文告诉中国人："'美孚'洋油一点就着，大小商店透亮通明，家家户户无不欢迎。"为了让"美孚油"进入中国市场，这位公使先生还通过各种渠道在上海、广州、厦门、南京、汉口、长沙等大中城市找到了许多经销商、代理店，免费向中国居民赠送"美孚灯"，每盏灯里还注满了煤油。

当英国人看到大量的"美孚油"流入中国市场时，十分恼怒。英国人为了保护自己的市场不受侵犯，扬言要关闭中国市场，不准洛克菲勒的煤油流进广阔的中国市场。美国人恼羞成怒地叫嚣道："谁敢关闭中国市场我们就要跟他动真格的了。我们的海上军舰不是游艇！"当年美国的国务卿海约翰还为此专门发出了"门户开放"照会，向威胁美孚石油公司拓宽中国业务的国家送去了最后通牒。美国的海军直接维护了洛克菲勒在华的利益。

　　洛克菲勒在晚年撰写的回忆录中，十分坦率地承认美国国务院官员和他的关系密切，这些亲密朋友自始至终帮了他和公司的大忙，"没有国务院的支持和帮助，我们的石油和石油产品是不可能运到域外最偏僻、最落后、最黑暗的角落里去的。"美国宾夕法尼亚州的女作家艾达·塔贝尔撰写的《美孚石油公司的来龙去脉》一书被称为是"1904年黑幕新闻书刊中的力作"，它一鸣惊人，唤醒了许多读者的良知。

　　耐人寻味的是，在称赞洛克菲勒和他领导的公司成员如何具有雄才大略的眼光、精明强悍的办事能力的同时，艾达·塔贝尔笔锋一转，痛斥了洛克菲勒的石油公司是建立在欺骗、高压、特权和苛刻的交易之上的。作者说自己的父亲也经营着一个石油公司，这个公司被洛克菲勒鲸吞破产，父亲濒临绝境。这本写得真切生动的书引起了很大的反响，多次重印仍被争售一空。关于这本书，洛克菲勒只说了一句话："妇人之见，不值一驳。"1911年5月15日，美国联邦最高法院终于对洛克菲勒和他的公司进行了"最后裁决"。裁决书含糊其辞地说："7个人和一个法人机构曾秘密策划旨在反对自己人民的勾当。为维护美利坚合众国的安全，本法院命令，应于11月15日以前停止这种危险的阴谋和勾当。"这个裁决是在受到损害的广大消费者和中小企业主的压力下做出的。洛克菲勒和他的发展壮大的公司根本已经不是最高法院能控制得了的了。美孚石油公司曾被发现有违反美国1890年《反托拉斯法》的勾当。俄亥俄州政府曾通过一项法令，禁止该州的任何一家公司拥有除俄亥俄州以外任何一个州的股份。为了对付州政府的法令，洛克菲勒思索片刻，计上心来，耍了一个"金蝉脱壳计"，他指示公司的律师草拟一份新的法律文件，根据这个文件，大多数股东把他们的股票"委托"给另外的三个人，这样一来，这三个人就能够合法地持有其他州公司的控股，后来由"委托"3个人变成"委托"9个人。

不久，俄亥俄州和美国一部分州宣布这些托拉斯为非法时，洛克菲勒和他的公司立即向另外的几百个公司参股，将公司迁往新泽西州。新泽西州表示热烈欢迎这些迁来的公司，因为这可以给这个州带来一大笔税收。新泽西州还批准迁来的公司持有其他州的股份。为了掩人耳目，洛克菲勒在新泽西州的石油公司由托拉斯易名为持股公司。其实这一切还是按照洛克菲勒的计划在进行。

道高一尺，魔高一丈。美国联邦最高法院在识破了洛克菲勒的计谋之后，迅速作出决定，命令洛克菲勒设在新泽西州的公司放弃它的一切子公司，不允许它们作为一个联合企业经营，并把已换成新泽西州石油公司的所有股票，过户退回原持股股东。由于这一命令是针对公司而不是针对公司持股股东的，因此没有造成不良后果和反应。尽管人们欢呼这个里程碑式的决定（特别是中小企业主和即将倒闭的企业主），但这一切似乎为时已晚了。洛克菲勒的财富急剧增加，此时的他已拥有新泽西州石油公司全部股份的四分之一。

联邦法院的决定下来以后，他已拥有33家不同的石油公司，这些公司的四分之三的股票仍握在他的手中。1912年1月，洛克菲勒开设在新泽西和纽约的两家石油公司的每股股票从260美元上涨到了580美元，大西洋公司的股票涨了3倍，印第安纳州公司的股票9

个月内，每股从 3 500 美元涨至 9 500 美元。洛克菲勒的个人财产从 1901 年的 2 亿美元增至 1913 年的 9 亿美元，翻了近 5 番。当人们沉浸在欢呼和庆贺联邦法院粉碎了美孚石油托拉斯的时候，在短短五个月内，美孚石油公司的股票又增值了两亿美元。

这就是洛克菲勒发家的重要秘诀之一！

洛克菲勒中心大厦

洛克菲勒中心的命名，是为了纪念洛克菲勒的儿子小洛克菲勒，小洛克菲勒先后有两位夫人。第一位夫人为艾比·格林·奥尔德里奇女士（1874－1948）；第二位夫人是马撒·贝尔德·艾伦女士（1895－1971）。在小洛克菲勒身边那些值得骄傲的女性中，除了他的祖母和他的

姨妈之外，还有他的外祖母斯佩尔曼。这位老太太是在老伴去世后搬到女婿家来的。她在 20 年前曾是个政治活动分子，曾经积极拥护当时的废奴运动，就是到了花甲之年以后，她同样热烈地支持社会上的禁酒活动。10 岁时，斯佩尔曼老太太就动员小洛克菲勒宣誓保证做到"三不"，即"不吸烟，不酗酒，不亵渎神灵"。而"不亵渎

神灵"也成为小洛克菲勒毕生信奉的重要的人生信条之一。

尔后他继承老父的"帝业",成为一代"守成之生",只当洛氏巨额资产的"管家"而不亲理朝政,一批"重臣"代掌企业、扩充家产、做剪息票等日常事务,自己则悉心经营"慈善事业"(例如兴办洛克菲勒救济中心和慈善医院等),以扩大洛氏家族的社会影响。这一切,都跟小洛克菲勒所受的家庭熏陶是息息相关的。这个约翰·戴维森的至亲至爱的独子,生活于婆婆妈妈的"女儿王国"里,对他影响最大的,当首推他的母亲劳拉·塞莱斯蒂亚·斯佩尔曼了。

这个具有非凡意志的矮小瘦弱的女人,在她儿子的心灵中投下了神圣的倩影。多年之后,这位洛氏富豪之家的接班人曾不胜感慨地回忆道:"她(按:指母亲)用全部智慧和精力来仿效基督的一生。"每天一早,洛氏一家均要做早餐晨祷,其成员都得轮流朗读《圣经》。星期五,全家要举行晚祷会。星期天,洛克菲勒夫人照例要主持每周一次的"家庭座谈会"。事前她把过去一周中家里点点滴滴的事都随手记下来,作为座谈会上宣讲的素材。

小洛克菲勒还不到十几岁时,父亲就发了大财,然而公众的抗议怒吼也达到了顶峰,父亲遭万人唾骂。虽说他并不认同别人对他父亲丑事的揭露,但父亲千方百计力求逃避内疚的那种心态,却表现在父亲的脸上,同时也加倍地传染给了他。因此,对老约翰留给他的钱,他尽量不去动用。老洛克菲勒还千方百计地帮助自己的唯一独子,要他相信这笔钱财仅是上帝交给他们保管的,是不容挥霍和乱花的一笔特殊信托款项。闲暇时,老约翰还教导小洛克菲勒如何记账，账簿格式一如他自己常用的那种格式，因为他相信自己从粮簿记员中脱颖而出，青云直上，靠的正是这一技能。

在小洛克菲勒 10 岁时，他家的环境发生了变化。由于各种原因，不得不举家从克利夫兰搬到美国纽约。开始时，老约翰把塞蒂（对妻子的爱称）和孩子们安顿在温泽或白金汉等第一流宾馆的几套华丽的房间里。后来，他觉得这样太不合算，便买下了西区 54 大街 4 号的一幢巨大的常春藤色的房屋。当年，加利福尼亚铁路公司的老板科利斯·亨廷顿就住在这里。这栋住宅相当豪华，卧室的墙壁悉用绫罗绸缎饰面，地板是清一色的镶木地坪，加上嵌有珠母贝的护壁板，显得古色古香，幽雅宜人。后来，这幢房屋终于成为纽约市博物馆的永久性展览物，而该地区则成为现代艺术博物馆的户外展览区。这里与小洛克菲勒刚刚住进来时相比，周边丰富了很多，不再那么空了。

小洛克菲勒在 1928 年把这批属于家族所有的土地出租给纽约的哥伦比亚大学。1930 年，他开始筹划在这里建造一栋大楼，当初是准备为大都会歌剧院建造一栋歌剧院建筑的，但是，由于 1930 年的经济大危机和股市崩溃，小洛克菲勒改变了初衷，不再投资给歌剧院，而开始投资建筑这个建筑群，主要是以商业大楼为主。

1929 年 10 月 24 日，是个"黑色"星期四，就在那天，有名的市场大崩溃发生了，股票价格开始暴跌。看来这些商业势必会因此大受损害。在这场股票市场灾难之后，建立洛克菲勒中心大厦似乎具有重大的意义。它是对美国前途怀有信心的一个勇敢的象征，尽管当时美国的经济状况是一团漆黑。

即使对一个洛克菲勒家族成员来说，在美国当时的整个经济形势下，要建造这么一座高耸的大楼也是困难的。

大厦本身估计要花费约 1.2 亿美元，其中 4.5 千万美元是由小洛克菲勒私人担保向都会人寿保险公司举借的一项贷款，其余款项是他自己筹措的，尽管占用这些款项将使他蒙受极大的损失。1933 年，美国无线电公司大厦落成开放了。小洛克菲勒为了表示庆祝，把洛克菲勒家族总办事处从百老汇大街 26 号美孚石油公司大厦迁到了洛克菲勒广场 30 号第 56 层。从那时起，大厦的第 5 600 室就成为洛氏家族的总办事处了。

如果从一个慈善家的角度来说，他把建造洛克菲勒中心大厦看成是为纽约市作出贡献的一个机会的话，那么，同样从一个地产推销商的角度来说，他也一定看到了这座大厦可带来的丰厚利润。从一开始谈判起，他就坚持认为，建造这座大厦应在商业上有利可图。他征求了几位专家的看法，详细了解了一下情况——如果把这座中心大厦发展区分别出租给一些公司，让他们自行建造各自的房屋，那究竟有多少利润。据估计，这笔利润高达 580 万美元。这就是他一开始就热衷于建造这座中心大厦的三个主要原因之一。到了 1937 年，当这个伟大的建筑物行将落成时，洛克菲勒终于与世长辞了。5 月 23 日早晨，洛克菲勒的医生把小洛克菲勒找来。他风风火火地应召而至，惊醒了仆人们，他们都聚集在厨房里，不知道楼上出了什么事。凌晨 4 时，洛克菲勒这位 98 岁高龄的老人昏迷不醒，一小时后他就去世了。

两年之后，小洛克菲勒对父亲的去世仍怀有伤痛。他头顶硬壳帽，手上戴着笨重的工人手套，亲手钉上了洛克菲勒中心大厦招牌的最后一颗铆钉。他当时已65岁，然而就某种意义上来说，他决定要完成的事业已经完成了。人民一度指控老洛克菲勒占有过多财富；小洛克菲勒则力图说明这笔财富只是上帝托付给他的家族，用以为增进人类的幸福而进行投资的。人们又曾经说过，洛克菲勒这个姓氏是不负责任的势力和特权的同义词；小洛克菲勒则力图证明这个姓氏是责任心与义务感的化身。当他从大梁下走过时，响起了热烈的欢呼声，他不仅代表着在某些方面来说是40年前几乎无法想象的一项个人成就，他还是洛克菲勒家族神话的见证者。眼前这座宏伟的建筑就是最好的见证，它从一块不起眼的砖瓦成长为摩天大厦，并且上升到了惊人的高度。

总的说来，洛克菲勒中心大厦是小洛克菲勒毕生事业的拱顶石，也是他一生事业的结晶。然而他的真正成就，则将通过他的5个孩子表现出来；这时他们正在舞台的两侧等待着，随时准备呼之即出，登台表演哩！

登陆金融中心

20世纪30年代初期，小洛克菲勒的事业已达到了光辉的顶点，他也为此付出了惨重的代价——他常常因忙碌而过度疲劳，甚至筋疲力尽。1922年，他罹患剧烈的头痛，久医不愈。他不得不在密歇根州的一家疗养院里静养了三个星期。在那里，他通过一系列的检查，最后被诊断为因过度紧张而产生的"自体中毒"。小洛克菲勒曾试图克服自己身上的种种缺点，但他始终不能成为一个和蔼可亲的人。罗斯福总统的内政部长哈罗德·伊克斯在波坎蒂科拜访了小洛克菲勒之后，在自己的日记中写道："在这次盛大的宴会上，既没有鸡尾酒也没有果子酒，他（按：指小洛克菲勒）做了谢恩祈祷。为了祈祷，他要求大家安静下来，洛克菲勒夫人对我说，他一向坚持由自己做谢恩祈祷，即使有牧师在场也是这样。"

小洛克菲勒文质彬彬，讲究礼仪。他甚至把共事几十年的麦肯济·金和雷蒙德·福斯迪克那样亲密的同事始终称呼为"金先生"和"福斯迪克先生"。人们对他忠心耿耿，他就像当年老洛克菲勒那样，用金钱来酬谢，而不作感情方面的表示。比方说，他赏给麦肯济·金 10 万美元，赏给肯尼思·乔利 5 万美元；对于其他肯于付出的员工，他也毫不吝啬，给他们丰厚的回报，他认为这是一种积德行善之举。不过，在他的内心深处却始终进行着自我斗争，即在他那令人无比钦慕的宽宏大量的胸怀和更接近于他那真情实况的悭吝性格之间的斗争。这方面的例证很多。

麦肯济·金是小洛克菲勒的挚友，早年在加拿大政界被称为"神童"。1914 年 6 月，金收到洛克菲勒基金会发出的一份电报，洛克菲勒邀请他来纽约讨论该会正在进行的一项重大规划。他当时莫名其妙，不知自己为何受到邀请。他还不知道几年前自己在剑桥大学做有关劳工问题的讲演时，他当时的听众中有态度严肃的哈佛大学校长查尔斯·W·埃里奥特，还有哈佛有限公司的秘书查罗姆·格林。这两人对他的讲演印象极为深刻。后来格林担任了洛克菲勒基金会的秘书，埃里奥特则是该会的一个出色的理事。他们两人目睹自己的好友小洛克菲勒陷入"勒德洛惨案"那可怕的残局，于是都不约而同地想到了麦肯济·金，认为这个人也许能帮助小洛克菲勒摆脱困境。

1914 年 6 月 6 日，麦肯济·金应邀来到纽约市第 54 西街 10 号，与小洛克菲勒、斯培尔·J·墨菲和格林进行了一次会谈。会后达成协议，麦肯济·金接受了邀请，正式来为小洛克菲勒服务，为他出谋献策，从科罗拉多事件中体面下场，为他的家族恢复安宁，重新焕发其光彩。但就在他最后接受小洛克菲勒聘请之前，两人在薪俸问题上发生了一些争执。金那时濒于破产，坚持要求给他年薪 1.5 万美元以偿还他的债务，而小洛克菲勒则承袭了父亲厉行节约的传统，只肯出价 1 万美元，并说这个数字接近他的估算。最终两人经过协商，签订了 1.2 万美元的聘任协议。

另外一件事发生在小洛克菲勒的内弟兼亲密同事温恩罗普·奥尔德里奇的三岁儿子突然夭折时，小洛克菲勒为了帮忙，立即给奥尔德里奇包租了一节专用火车，让送葬的人群前往参加葬礼，但事后他为花费这笔钱而唠叨不休，直到他终于向他的内弟开出 229 美元的账单才算罢休。小洛克菲勒是一个身材矮小、举止古怪、性格上又充满矛盾的人。当有人问他花费那么多美元究竟获得了什么成就时，他会说，他曾试图让各个国家和人民之间更亲密无间，试图让零乱的社会各层得以巩固，并为人民树立起了快乐的典范，不过，确实应该承认，在上述几个方面，他确实获得了一定的成就。但是在利他主义的背后，他的慈善事业具有精明的讲求实效的一面。

在这方面，慈善工作同权力、控制感紧密地交织在一起，但要使这种权力、控制感得到具体化，就必须深入到社会的各项运动中去。对他来说，施舍钱财当然也是一种商业性的活动，他也从没有忽视过商业性活动的重要性。表面上他极力要使人们得到这样的印象，即赚钱并不是他的事。一次，他就曾对《纽约论坛报》的一位记者说道："我要更多的钱干啥呢？我父亲要更多的钱干啥呢？我和我父亲花在金融事务方面的全部时间，几乎都是致力于研究如何最完善和明智地分配我们积聚起来的钱财。"但在私下里，小洛克菲勒则从不放弃经营和保存家族财产的责任。事实上，他虽然施舍了大量的钱财，但他从没忘记扩充他那接近天文数字的家产，并使他的5个儿子能接过他从父亲手里接过来的火炬，使石油——慈善帝国日益发展壮大，使资产像滚雪球般越滚越大。

洛克菲勒财团中的不少人都支持小洛克菲勒的看法，认为金融是当代的商业心脏。他的岳父纳尔逊·奥尔德里奇实际上是国会中金融集团的代言人，他代表着1913年建立联邦储备制度的立法推动力量，从而在管理全国货币方面确立了银行家与政府之间的合伙关系。在这些人的共同帮助下，小洛克菲勒终于说服了他父亲，买进了公平信托公司的控制股份。这家公司原是公平人寿保险公司的子公司，由于 1911 年改革法的实施，该公司才被迫出售这些股份。洛克菲勒巨额资产的潜在力量使公平信托公司迅速扩张起来。到 1920 年，这家公司已拥有 2.54 亿美元的存款，成为全国第八大银行。

至 1929 年，该银行通过一系列的兼并和收购，一共吞并了 14 家规模较小的银行和信托公司，不仅使它成为国内实力最强的银行之一，而且还在国外开设了多家分行。它成为洛克菲勒家族日益复杂的金融计划的一个重要组成部分，而当公平信托公司的总经理切利斯·奥斯汀于 1929 年 12 月猝然去世时，小洛克菲勒对该公司的前景十分担忧。他同自己的心腹顾问托马斯·德比伏伊斯拜访了温思罗普·奥尔德里奇，急切地敦促这位内兄担任这家公司的头儿。奥尔德里奇在担任新职之后不久，认为该信托公司困难重重，只有采取和较大机构合并的方式才能更好地发挥公司的职能。

小洛克菲勒就和他的同事们商议，经过多种方案的比较，最后把目光转到了大通银行。威金直接促成了这家银行的飞速发展，为自己赢得了较好的声誉。他组成了一个高智能的强势董事会，其成员包括伯利恒钢铁公司的查尔斯·施瓦布，通用汽车公司的艾尔弗雷德·斯隆，库恩—洛布公司的奥托·卡恩，而威金本人除担任大通银行的董事长外，还担任其他 50 家公司的董事长。

威金提出某人想在该公司担任董事长的前提条件是必须在大通银行存款。大通银行也像它的竞争对手花旗银行一样，走"美元外交"的道路，其结果是使大通银行在几个拉丁美洲国家特别是在古巴成为举足轻重的金融势力。合并正式达成协议后，新机构的高级职员和董事们选举威金任董事长，奥尔德里奇任总经理，这是公平信托公司取得的唯一重要领导职位。就资产而论,大通银行此时已是世界上最大的银行,它有50家国内分行和10家国外分行,这还不包括它的子公司美国捷运公司的34家国内办事处和66家国外办事处。

在威金退休时,温思罗普·奥尔德里奇已成为大通银行的代言人。在1933年的头几个月里,他经常到华盛顿去,多次向国会的各个委员会做演讲,使他自己和他的银行与总统处理危机的精神配合得更加密切。不论他个人的想法怎样,奥尔德里奇以其讲求实用主义的精神和对舆论的敏感性而成了当时银行改革的公开支持者。而对舆论的这一敏感性,是勒德洛惨案给洛克菲勒家族的思想打上深深烙印的体现。在银行界,奥尔德里奇由于倡导改革,对他的同行来说他无疑是一大叛徒。但是,洛克菲勒家族已看到银行制度处境艰难,只有进行改革才是它的唯一出路。

奥尔德里奇成为公开支持使投资业务同商业银行业务分开的人,即对公司的长期放款同短期放款分开的一个著名的华尔街大老板。当然,这两方面的业务合为一体,曾经是摩根财团巨大权力的来源,这个财团通过这种方式把美国钢铁公司、通用电气公司和别的巨大的联合企业拉到了一起,然后加以控制。华尔街流传着一种说法,认为奥尔德里奇为洛克菲勒效劳,其用心是要打破摩根家族对全国金融事业的控制。实际上,银行改革的大形势不可逆转,这样才不会对洛克菲勒和大通银行造成巨大损失,因为对大通银行来说,它的力量主要集中在商业业务方面。而他们对于这种为金融和商业方面的进步而进行改革的支持,将只会增加他们的社会声望和影响。

1933年,法律顾问费迪南德·佩科拉同参议院所属的银行和通货委员会为调查金融界情况进行了会晤。洛克菲勒警觉到饿狼们正在寻找猎物，就决定把艾伯特·H·威金扔给他们。威金与花旗银行的负责人查尔斯·米奇尔一样，在繁荣的黄金时代曾经是大规模买卖的市场投机者。直到调查开始之前，他的同事们都不认为威金的活动会有什么不当之处。虽然他们知道，这位大通银行的总经理经常利用大通股票进行投机活动，所需款项往往向大通证券公司（附属的投资银行）挪借，而他自己又兼任这家投资银行的总经理。这种活动正在受到严格的审查。因此，听证会结束时，威金已精神颓废、沮丧万分，此时的他已名誉扫地，即便在他一手创办、经营、已发展壮大的大通银行内部，也已毫无威信可言。继威金出任大通银行董事长的查尔斯·麦凯恩接着出席作证，并被迫供认他本人也从接受大通银行的贷款和得到其他方便中获得好处，麦凯恩屈服了。在他作证后不久，罗斯福总统在白宫的一次个别接见中明确告诉奥尔德里奇，不能再让这种人继续掌管银行了。因此，麦凯恩在华盛顿出席作证后不久就离职了，这是一件并不令人感到意外的事。而当温思罗普·奥尔德里奇接替他成为大通银行董事会的新董事长时，也没有任何意外之感可言。

第四章　与众不同的洛克菲勒

洛克菲勒曾经说过："知识是外在的，是我们对所见事物的认识；智慧则是内涵的，是我们对无形事物的了解；只有二者兼备，你才能成为一个全面发展的人。"

洛克菲勒能够成为世界首富，成就石油帝国的伟业，靠的是什么呢？

靠的就是全面发展的内在因素。下面就让我们拨开层层迷雾，去发现他不同于普通人的内在因素。

忙碌的身影

1874 年 4 月，标准石油公司搬进了位于欧几里得大道 43 号的四层办公楼。大楼的外观非常气派，正立面是厚重的石墙。办公区面积宽敞，通风良好，中央楼梯上方的天窗使楼内有着充足的光线。洛克菲勒在每天上午 9 点 15

克利夫兰市

分准时到达公司。他的衣着非常考究，衬衫袖子上的链扣用黑玛瑙制成，上面镌刻一个漂亮的字母"R"。出身简朴农家的他竟然对衣着如此讲究，出乎很多人的意料。"洛克菲勒先生显得高贵沉稳，"一位职员回忆道，"他的衣服可谓一尘不染，好像刚从包装盒里取出来一样。他戴着手套和礼帽，拎着雨伞。"洛克菲勒喜欢让皮鞋保持锃亮，居然为每个办公室免费配备一套擦鞋用具。

洛克菲勒蓄着经过精心修剪的金黄色连鬓胡子，每天早上都有理发师准时前来为他修整。他在赴约时极为准时，他说："谁都没有权利浪费别人的时间!"每天早上，洛克菲勒以特有的沉静方式与同事们打过招呼，便消失在他那间简朴的办公室里。不但泰特斯维尔的对手们觉得洛克菲勒神出鬼没，标准石油公司的员工们也觉得他神秘莫测。一位秘书说："他的行踪很诡秘，我从来没看到他走进或离开办公楼。"另一位助手说："你看不见他，却能感觉到他的存在。"洛克菲勒很少与陌生人会面，情愿通过书面形式进行联系。他小心提防工业间谍，只让下属知道他们该知道的情况。他曾经这样提醒一位同事："在任命一个人担任关键职务之前，我会非常慎重。"即使身边的助手也感到他不可捉摸，因为他不喜欢吐露自己的真实想法。有人这样写道："他的长时间沉默很令人困惑，我都搞不清楚他的态度究竟是反对还是赞成。"他善于保守秘密，总是一副毫无表情的模样。下属给他呈上电报，却无法从他的表情判断出消息的好坏。

洛克菲勒相信沉默是金，只有懦弱者才会口无遮拦、对着记者喋喋不休，成功的商人就应当出言慎重。"想要成功就必须多听少说"和"只说不做的人就是荒草遍地的菜园子"是他最喜欢的两个信条。老比尔的处世方式无形中使他的儿子惯于通过多听少说来赢得策略优势。洛克菲勒在谈判中将中西部人的沉默寡言发挥得淋漓尽致，让对手们不知如何是好。发怒时的他更是沉默得让人害怕。洛克菲勒经常讲起这样一件事：有一次，一个气急败坏的承包商闯进他的办公室大吼大叫，他却像没事似的继续埋头工作，直到对方精疲力竭才把头抬起来，冷冷地问道："刚才没有听清您说些什么，能否再重复一遍?"

洛克菲勒的办公室有一块黑板，上面写着近期的油价。大多时间他都待在办公室里。隔一阵子，他就会走出办公室，坐在一把高脚椅子上研究账簿，不时在本子上计算一番。他经常望着窗外出神，有时甚至会一动不动地连续 15 分钟盯着天空。有一次，他问道："我们之中的许多人之所以无所成就，不就是因为精力不够集中吗？不就是因为他们无法在适当的时候排除干扰而全神贯注于一件事情吗？"

他每天都有着固定的安排，有条不紊地干着手中的事情，从不在琐事上浪费时间。当然，他也会有停顿，比如在上午 10 点左右吃点饼干、喝点牛奶，在午饭后小憩片刻。这些都是为了积蓄精力，把他的体力和脑力调整到最佳状态。他说："总把神经绷得很紧并非好事。"

早年的洛克菲勒能够认识手下的每一个员工，也能喊得出他们的名字。他偶尔在办公楼里转一转，此时他的脚步显得很有节奏、很轻微，说话声也很低。当他悄无声息地走过办公室时，会突然停在某个员工的办公桌旁，用浑厚的嗓音彬彬有礼地提出要检查一下他的工作。这时候，那个员工往往会被吓一跳。下属们很少看见洛克菲勒，只能猜测他的行踪。"他是大家最不常看到的人，"一位老员工在半个世纪后回忆道，"有人说他每天要到办公室里干 3 个小时，但是我们看不见他进来，也看不见他离开。也许他有专用通道，根本不走公共楼梯和走廊。"

洛克菲勒由于做过簿记员，所以他非常重视记账。一名会计记得有一回，洛克菲勒突然停在他的办公桌旁，很有礼貌地说："请允许我看一下"，然后拿起账册迅速地浏览了一番。"非常好，"他说道，"确实很好。"突然，他发现了问题："这儿有一个小错误，请更改一下。"那可是一本密密麻麻地写满数字的账本！洛克菲勒居然能如此敏锐地找出问题，那个会计被惊得目瞪口呆。"我敢发誓，"会计回忆道，"整个账本只有这么一个小错误！"洛克菲勒超乎寻常的沉着冷静给每个接触过他的人都留下了深刻的印象。虽然洛克菲勒为了实现个人目标经常会严格要求自己，以达到磨炼意志的效果，但他在本质上仍然是一个性情温和的人。正如他自己所说："不管你说出或做下怎样过分的事情，别想看出我有丝毫的情绪激动。"他的脉搏每分钟只跳动52次，而他恰恰以此为荣。许多员工都说洛克菲勒没有发过脾气，没有骂过脏话或是做出什么不文明的举止。他完全不同于那些盛气凌人的商界大亨，手下人都认为他为人厚道，待人宽和，没有大老板的架子。

有一件事很好地证明了这一点。洛克菲勒很喜欢健身，就在财务部放了一部木头和橡胶做的健身器。一天早上他来这儿做运动，一名年轻会计恰好没有认出他，便在他面前抱怨说这台机器很讨厌，应该赶紧拉走。洛克菲勒说了声"好吧"，后来真的叫人把它拉走了。过了一阵子，那人才发现上次遇到的是老板，心里感到非常害怕。然而，这位会计并没有因为这件事而受到任何惩罚。即使是在处分那些犯下大错的员工时，洛克菲勒也会感到很不忍心。如果某些员工偶尔贪污公款，他只会悄悄地把当事人解雇，并不因此闹上法庭。

像谜一样的人

洛克菲勒在一生中经常被冠以冷漠、恶毒的恶名。事实上，与许多不爱交际的人一样，他给不同的人留下了不同的印象，就如同人们在解读《哈姆雷特》时，一千个读者就有一千个哈姆雷特。早年与洛克菲勒有过生意往来的一位制桶商告诉艾达·塔贝尔："洛克菲勒的话不多，他的伙伴们不喜欢他。大家都有些怕他，他也很孤独。"但是，洛克菲勒从来没有像对待过竞争对手那样对待自己的员工。员工们觉得他的举止很得体，对大家非常关怀。他炼油厂的一位工人回忆道："无论遇见谁，他都会点点头，打个招呼。那些年正是工厂刚起步的时候，大家经常遇到麻烦事，但我也从来没见洛克菲勒先生发过脾气、训斥过人。他在任何时候都不会失态。"他的妹妹玛丽·安认为那些说洛克菲勒脾气暴躁的说法纯属谬论。她说："约翰跟任何人都能和睦相处。"我们不得不相信。试想，一个人如果在待人接物上都做不好，那他如何在其他领域取得成就呢？何况是像洛克菲勒这样一位商业巨头。

洛克菲勒非常重视人才工作。标准石油公司刚刚起步时，他经常参与员工的招聘工作。只要发现优秀人才，洛克菲勒就会将其纳入自己的企业，而不是在公司需要人才时才在人才市场随随便便网罗，因为，人才是要培养的，当然，他之所以这样做，也是因为对于自己公司的前景充满了信心。

企业中一位好的领导者，不应只是精通他自己领域的专家，更应让自己具有一种号召力。洛克菲勒尤其欣赏那些社交能力出众的管理人员。他曾说过："就像咖啡或糖一样，人际交往能力也是一件可以买到的商品，而且我为这种能力付的钱要比其他任何东西都多。"

洛克菲勒类似中国唐朝的太宗皇帝，他非常愿意接受他的下属的意见或建议。而且洛克菲勒是一位非常人性化的管理者，在他公司工作过的员工，即使退休之后，也经常会收到他的来信，他会询问退休员工的情况。他非常慷慨地让退休员工享受到比行业评价水平更高的工资和退休金。40多年后，一位公司老员工在回忆当年的情况时有些夸张地写道："公司从未发生一起罢工，也没人抱怨。还有哪家公司能像标准石油公司那样关心自己的退休员工呢？"虽然，炼油业是资本密集型产业，炼油工人的不满情绪不像煤矿工人或钢铁工人那么强烈。哪怕经济萧条，标准石油公司依然能赚取大量利润，让他旗下的员工丰衣足食。一位写过洛克菲勒传记的作家甚至认为"他是当时最好的老板，因为他建立了住院保险和退休金制度。"

对服从管理的员工，洛克菲勒绝对可以称得上是一位好老板，但如果某些人居心不良，想要建立工会，洛克菲勒也不会对他抱有一丝同情。因为洛克菲勒从来不承认工会组织的合法性，更不允许有人在他的厂里组织工会。虽然有些霸道的意味，但洛克菲勒就是认为他应该有评价员工私生活的权利，因为他用对自己的准则来要求他的员工，尤其像是私生活不检点或不遵守婚姻条款的人，他都要严惩。安息日的惯例必须遵守，若有同事在这样的日子给洛克菲勒写信，一定不会在信上标明真实日期。

约翰·阿奇博尔德的遭遇对于洛克菲勒改造下属的品行是最好不过的例子了。洛克菲勒很喜欢这个乐呵呵的年轻人，常常被他的笑声感染。所以他一直要求阿奇博尔德戒酒，后者起初只是在表面装着不喝酒，还在马甲口袋里放些丁香花遮盖酒味。到了1881年，他的酗酒行为已经无法隐藏，个人健康也受到了严重损害。于是，阿奇博尔德给上司写了一封悔改信，重新做出保证："亲爱的洛克菲勒先生，我说的任何一句话都像是谎言。现在，我敢于向您做出最庄严的承诺：只要我们之间的关系允许，我就会在每个星期天向您写保证书，直到您说我不用再写为止。"于是从那以后，一连8个月，洛克菲勒会在每个星期天收到阿奇博尔德汇的一封信，阿奇博尔德会证明自己在过去的一个星期没有喝酒。他曾写过："谨以此信表明本人已有5个星期没有喝酒。"虽然阿奇博尔德是在真心实意地戒酒，但是在4年之后他又出现了一次违例现象，因而他为辜负洛克菲勒而羞愧难当。"我以前从未见他如此沮丧，如此痛苦，"一位标准石油公司经理告诉洛克菲勒，"我想没人能完全理解他为戒酒付出了多少努力，这一次旧病复发，真让他无比心痛！"洛克菲勒难以掩饰的失望之情被其他几个经理看在眼里，因此，他们只好编造了一个"阿奇博尔德误服了含酒精的药物"的善意的谎言。

一丝不苟的精神

作为石油界巨头的
洛克菲勒，不仅拥有令
人难以企及的商业头
脑，更有着令人折服的
人格魅力，因此，他备
受下属们的尊重，每个
人都想尽力取悦于他。
正如一位下属所说：
"我从没听说过有哪个
人能像他那样把众多优

洛克菲勒在克利夫兰市

森林山（foresthills）的家

秀人才集中在一个团队里，并激励每个人为公司奋斗……他的确了
不起，胸襟宽广，很有耐心。我相信他这样的人必定是五六百年才
会出一个。"洛克菲勒与一般企业家不同的地方，就是他很少会公开
表扬一个下属，即便他做得非常好。但他却会通过一些巧妙的方式
让员工知道自己一直在受到他的关注，从而推动员工前进。他对下
属的考核很严格，但一旦信任某人，就会赋予其极大的自主权。除
非发生严重的问题，洛克菲勒通常不会干涉他们的工作。一般情况
下，他培养员工的理念是：当你相信他有素质、有能力时，就把他

带到深水区，直接推进水里，任他自己挣扎，要么沉入水底，要么游上岸，洛克菲勒想起了父亲当年教他们游泳的方法。洛克菲勒很清楚，想使一个如此庞大的企业运转良好，他必须要在某些方面放开手。因此，"培养下属做上级手里的事情"成为标准石油公司的企业信条。有一次，洛克菲勒告诉一名新员工："有没有人告诉过你这里的规矩？没有！规矩是这样的：能让别人去做的工作，就不要自己去做。你要尽快找到一个值得信任的人，培养他，让他学着做你的工作，然后让自己坐下来，好好想一想怎样才能让公司多赚钱。"洛克菲勒也在认真地贯彻这一原则，他宁愿把时间和精力多放在宏观政策上，而不是浪费在琐碎的日常行政管理工作中。

最重要的是，洛克菲勒用自己的完美主义准则激励每一位员工。做任何事情他都要求尽善尽美，自己写下的几十万封商业信函都要亲手修改无数次，为了让每封信函都言简意赅，行文流畅。每次给秘书授完信函，他都要亲自修改五六遍，删掉每一个多余的字，让信函的表达十分准确，然后才工工整整地签上自己的名字。一位高级助手回忆道："我曾见他一口气儿给几百份文件签字，每个签名都是端端正正的，好像这个签名就是他被后人用来缅怀的纪念物。在他的内心里，每一个签名都是一件艺术品。"洛克菲勒不仅对自己要求精益求精，他还把这种精神渗透到整个标准石油公司，使这个企业真正有他的灵魂，处处体现他的个性。

洛克菲勒负责解决公司的政策疑问和创建托拉斯企业的理论基础，但他并未给标准石油公司带来多少技术革新。能够正确地处理每天潮水般涌来的各种意见和建议，本身就已经是别人无法做到的了。他具有超人的反应力，在纷繁的选项前具有一流的判断力。正因这样惊人的判断力，他才不同于当时其他的工业巨头们，而更像是现代企业的首席执行官的一个典范。

由于19世纪末期的通讯和资料保存方法都十分原始。如果不能充分有效地处理大量的数据，洛克菲勒就无法管理好自己的石油王国。因为拥有簿记员的基础，所以他使用分类账的方法，让自己可以用一只无形的手控制整个公司。他对数字了如指掌，因而可以把复杂的控制系统简化为一个通用的标准。不管计算结果多么残酷，他都可以毫不迟疑地接受。数字是他制定政策的唯一依据，因为他看重数字的简洁、准确。马克·汉纳鄙夷地把洛克菲勒称为"一名超级小职员，簿记的化身"。这种观点不仅无视洛克菲勒的卓越领导才能，而且低估了分类账在现代企业中的重要作用。正因为有了数字，才能使远在异乡的洛克菲勒对下属机构经营情况有更客观的了解，使他能够看穿任何欺瞒不实之词。他把自己的要求从公司的最高层全面推广到最基层：标准石油公司的每一项成本计算都要精确到小数点后几位。

因为洛克菲勒具有出众的数学才能，所以也格外看重具备这种能力的下属。在决定是否雇用年轻的乔治·D·罗杰斯做秘书时，他把怀表掏出来，想明确罗杰斯计算满满一纸的数据到底要用多长时间。等到罗杰斯算完，洛克菲勒说："不错，你在规定的时间内完成了计算。"罗杰斯立即得到了这份工作，并在此后长期为洛克菲勒效力。罗杰斯记得一些老板苛求细节、对钱款一丝不苟的趣事。有一天，洛克菲勒在离开办公室时发现自己的零钱包落在了家里，就向罗杰斯借了一个5美分的硬币。罗杰斯表示这钱用不着还，洛克菲勒却不答应。

"不，罗杰斯，"他说道，"记着跟我要，这可是1美元贷款1年的利息呀！"

洛克菲勒很为自己的快速计算能力而自豪，认为自己的成功也要归功于此。在与戴维·霍斯台特博士就收购哥伦比亚管道公司谈判时，洛克菲勒让对手滔滔不绝地讲了半个小时，自己却利用这段时间计算好了支付利息的条件。"结束谈判时，"他回忆道，"他接受了我的条件。我在谈判过程中一刻不停地计算，3万美元的利息省了出来。"

像其他老板一样，在标准石油公司日益扩大后，洛克菲勒已经很少接触比如炼油、运输和销售等实际的外国工作了。在更多的时间里，他是坐在总经理办公室里专心致志地处理财务、人事、行政和公司的大的问题。他不太重视专业技术知识："我从来没觉得自己需要掌握什么科学知识，从来没有。想在生意圈里发达的年轻人不需要学习物理或是化学，科学家到处都可以雇得到。"

追求细节　成就大事

洛克菲勒在标准石油公司创立初期，经常亲自巡视工厂，仔细观察生产过程，对技术监督提出许多要求。他的口袋里总是装着一个红色笔记本，他有了什么改进生产的想法就把它记在上面，并尽快予以落实。他很清楚下属们为什么惧怕这个红本子。洛克菲勒很得意地说

道:"有那么几次,我
和一些部门经理共进午
餐,等我一掏出红笔记
本,就看到有几个人的
脑门开始冒汗。"

洛克菲勒拥有对问
题与众不同的分析角
度。他在分析一项工作

洛克菲勒在纽约第 54 大街的家

时,总是将其分解为几部分,再从中确定最值得改进的地方。他对效
率问题的研究实际上早于弗雷德里克·温斯洛·泰勒。洛克菲勒认为
每家工厂都可以永无止境地改进下去,因而在公司内部树立一种不断
追求完善的氛围。公司的规模越大,就越是要关注细节问题,如果在
一个小环节节约 1 美分,整个公司节省的钱可能就是这个数目的数千
倍。这样的事例不胜枚举。如他在保持油桶强度的前提下减少油桶木
条的长度和铁箍的宽度。洛克菲勒当然不会一味地贪图省钱。有这样
一个例子,他坚持要求公司修建坚固牢靠的工厂。这种做法意味着较
高的初始成本却可以在未来降低维修费用。他还尝试充分运用原油提
炼过程中的残渣。标准石油公司最初主要出售煤油和石脑油。到 1874
年,公司开始出售石油副产品,例如做口香糖用的石蜡和筑路用的沥
青。不久,公司开始生产铁路和机械工厂用的润滑油,还有蜡烛、染
料、油漆和工业酸。1880 年,标准石油公司兼并新泽西州的切兹布洛
制造公司,以加强自己的凡士林销售。

山姆·安德鲁斯是洛克菲勒的技术支撑,从他进入炼油业的第一

天起就是。用硫酸净化原油的技术最初就是由安德鲁斯传授给洛克菲勒的。在1874年安姆布罗斯·麦格雷戈被任命为标准石油公司在克利夫兰炼油厂的技术总监后，安德鲁斯遇到了一个强有力的竞争对手。

安德鲁斯对洛克菲勒不断地借贷和投资感到不安和不满。1878年8月，标准石油公司宣布给股东发放50%的红利，这加剧了两人之间的矛盾。安德鲁斯后来抱怨道："公司的钱足够发放比那高2倍的红利，而且还有盈余。"虽然洛克菲勒从来都不愿与同事发生冲突，但对于只是两眼盯着红利，不愿把收益用于生产经营的董事，他是决不容忍的。有一天，安德鲁斯怒气冲冲地对洛克菲勒喊道："我真是不想在这儿干了！"洛克菲勒借机摊牌道："山姆，你好像对目前的经营方式没有信心。给你手里的股份出个价吧！"安德鲁斯答道："100万美元！""给我24小时考虑一下，"洛克菲勒答道，"我们明天再讨论这件事。"第二天上午安德鲁斯来到公司时，看到洛克菲勒已经准备好了一张100万美元的支票。事实上，洛克菲勒非常担心安德鲁斯在市场上公开抛售他持有的公司股票，这样一定会使公司的股价大跌，影响公司的信用，而此时的洛克菲勒正在大举借款。

正在安德鲁斯为这笔交易欣喜若狂之时，洛克菲勒转手把这批股票卖给了威廉·范德比尔特，一下子净赚了30万美元。安德鲁斯后来才知道自己上当了，洛克菲勒便派人转告他，可以按照原来的售价买回他的股票。气恼的安德鲁斯一口回绝了这个提议。后来经人估算，这些股票在20世纪30年代初的总值至少有9亿美元。

洛克菲勒对这位曾一起打江山的老伙伴，此时已没有任何的恩情可言了，因为安德鲁斯的行为彻底惹怒了他。洛克菲勒一旦与某人结怨，就会把那人斥为恶棍。洛克菲勒后来在提及安德鲁斯时说："他是个无知而又自以为是的家伙，极为愚蠢……支配他的头脑的是那种无知英国佬的自私自利和邪恶偏见。"洛克菲勒就是这样指名道姓地辱骂英国人。至于安德鲁斯，他不仅失去了一个大发横财的机会，还把手里的钱用于购买欧几里德大道上一所丑陋而奢华的大宅子，梦想有一天能在自己家款待维多利亚女王。这幢五层大厦有 100 个房间和同样数目的仆人，人们给它送上了一个名副其实的绰号"安德鲁斯的蠢物"。从那以后，安德鲁斯对每一个有耐心听他说话的人喋喋不休地控诉洛克菲勒。莫里斯·克拉克的话也许道出了山姆·安德鲁斯的实情："卖股票前，他恨洛克菲勒；卖股票后，他又怨自己。"

洛克菲勒不满足于自己是标准石油公司的最大股东，利用一切机会扩大自己的股份。在 1 万支原始股中，洛克菲勒持有 2 667 股，费拉格勒、安德鲁斯和洛克菲勒各自持有 1 333 股，斯蒂芬·哈克尼斯持有 1 334 股，前洛克菲勒—安德鲁斯—费拉格勒公司的合伙人平分 1 000 股，洛克菲勒的妻弟、公司的第一个外来投资者奥利弗·B·詹宁斯获得剩下的 1 000 股。

由于此时并非是投资的最好时机，所以标准石油公司并未找到实力雄厚的合作伙伴。1869 年 9 月 24 日是一个恶名远扬的"黑色星期五"，杰伊·古尔德和吉姆·费斯克通过操纵格兰特总统的货币政策来控制黄金市场的阴谋彻底落空，在金融界引起巨大恐慌，十几个华尔街金融机构倒闭。当时的石油业也让许多著名的企业家望而却步。

洛克菲勒永远无法忘记自己的计划如何被无情地嘲弄为"徒劳之举"。一些前辈商人提醒他说，与他的计划颇为相似的创建大湖区船运业的卡特尔行动就以失败告终。一位资深金融家警告道："这项实验不是获得巨大成功，就是落得一败涂地！"洛克菲勒在回忆中指出，"那是一条令年长者、保守者望而却步的道路，他们认为这么做极不慎重，可谓疯狂之极"。洛克菲勒被怀疑论者的态度激怒，决意证明他们的看法是错误的。因此，在面对当时严峻金融形势的发展初期，他仍然给标准石油公司的各位股东分配了多于百分之百的红利，因为他不容许自己的决策被怀疑。

这个渴求秩序的人决意在毫无规矩的石油业建立自己的铁腕统治。他环视战场，发现第一场战斗就在自己的家门口——他要对付克利夫兰的 26 名敌对炼油商。他的策略是首先在战场的局部取得胜利，以恢复并加强自己的战斗力，进而迅速取得下一回合的胜利。

在洛克菲勒的崇拜者看来，1872 年是洛克菲勒屡建奇功的一年。他在这一年的种种作为揭示了他的两面个性：一方面，他高瞻远瞩，坚持不懈，具备一个优秀领导者的思考能力和决策力；另一方面，他希望统治一切，自以为是，他具有和其他凡夫俗子一样的贪欲。那些被对手视为赤裸裸攫取权力的行径恰恰被他视为拯救苍生的英雄业绩，是为整个石油业造福。

善于策划商业"阴谋"

1871 年，成品油贸易状况继续呈现恶化趋势，价格已下跌 25%。竞争对手们相继陷入破产境地，但标准石油公司却对外声称在分配了 40% 的红利之后，公司

洛克菲勒家族谱系图

还拥有雄厚的流动资金。1871 年底，经过洛克菲勒的缜密计划，标准油公司秘密收购了伯斯特维克·提尔福德公司。该公司是纽约的重要石油买家，在伊斯特河上有许多平底船、驳船，在猎人角有一家大型炼油厂。收购伯斯特维克公司意味着将一个成熟的收购代理商纳入自己的口袋，尤其是在如此重要的时刻，这一举措显得尤为重要。石油价格此时由宾夕法尼亚州西部的众多交易所来确定，一度主宰石油交易的单个投机商已经被强大的辛迪加挤到一旁。洛克菲勒的这一招数开启了暗中行动的模式：这家被收购的公司更命名为 J·A·伯斯特维克公司，看似独立于标准石油公司，实际上却是他手中的工具，洛克菲勒在幕后静静地看着眼前发生的一切。

1872 年 1 月 1 日，标准石油公司的董事会将公司的注策资本从

100 万美元增加至 250 万美元，并在一天内又增加到了 350 万美元。并且吸引了几位克利夫兰银行界的翘楚，例如杜鲁门·P·汉迪、阿马萨·斯通、斯蒂尔曼·威特和本杰明·布鲁斯特作为新股东。布鲁斯特是普利茅斯殖民地创建人布鲁斯特长老的直系后裔，与奥利弗·B·詹宁斯一道在加利福尼亚淘金中发财。在这个经济萧条的时刻，洛克菲勒成功聚集了如此强有力的管理者和投资者，充分展现其特有的自信，似乎萧条的经济环境反而会增强他的决心。1872 年 1 月 1 日，公司董事会决定收购克利夫兰以及其他地区的一些炼油厂，这一决定是历史性的。这个在当时看似无关紧要的决定实际上已经打响了一场血腥战斗的第一枪。

打响第一枪的同时，洛克菲勒又秘密地与宾夕法尼亚铁路公司的总经理汤姆·斯科特达成一项富有讽刺意味的交易。前文曾说过，该公司一度威胁抹掉克利夫兰的炼油中心地位，洛克菲勒因而确立同伊利铁路公司和纽约中央铁路公司的同盟。洛克菲勒个人并不喜欢斯科特，与许多铁路公司的总经理一样，斯科特也在南北战争期间确立了自己的声望。他成功地使连接华盛顿与北方诸州的铁路线保持畅通，并被任命为战争部助理部长。洛克菲勒并没有把这位曾提携过安德鲁·卡内基的斯科特放在眼里。

生意毕竟是生意，洛克菲勒还是准备与这个魔头打一番交道。他很担心宾夕法尼亚铁路公司与匹兹堡和费城的炼油商们结成同盟，因此想在他们中间插一杠子。他对斯科特主动提出的合作意向表示了欢迎。有些出人意料的是，传话人竟然是任职于滨湖铁路公司的斯科特的对手彼得·H·沃森。沃森担任湖岸铁路公司克利夫兰—油溪支线的总经理，在其最大的客户标准石油公司身上捞了一笔。标准石油公司在1872年1月扩资时，沃森至少往袋里赚了500股。这又是一个洛克菲勒和铁路公司相互勾结、互开方便之门的例证。范德比尔特在那一年暗中向标准石油公司投资5万美元，经手人很可能就是这个沃森。

具备政治家头脑的洛克菲勒

二战结束后，战胜国几经磋商，决定在美国纽约成立一个协调处理世界事务的联合国。洛克菲勒家族商议后，果断出资870万美元，在纽约买下一块地皮，无条件地赠送给了这个刚刚挂牌、

美国纽约洛克菲勒广场雕像

身无分文的国际性组织。同时，洛克菲勒也把毗邻的大面积地皮买了下来。对洛克菲勒这一出人意料之举，当时美国的许多大财团都吃惊不已，嘲笑说："这简直是蠢人之举！"但奇怪的是，联合国大楼刚刚建成，它四周的地价便立即飙升起来，相当于赠送款近百倍的巨额财富源源不断地涌入了洛克菲勒财团。

洛克菲勒财团作为一代商业精英，具有令人钦佩的远见卓识。他们的"给予"不只体现了对世界和平的积极支持，更体现出作为杰出投资经营者所应具备的政治眼光，他们对局势的精准把握早已超出了经营者的局限，不是一般的经营者所能达到的境界。企业家要有政治家的眼光才能在不断变化的社会中正确把握经济走向，而这，正是一些企业家最最欠缺的。在经济、政治越来越融为一体的时代，具备政治家的开阔视野，将是企业家们投资经商的必备素质，只盯着眼前的天地闷头算账不仅积聚不到财富、难以发展壮大，而且还有可能被淘汰出局。

洛克菲勒不会一条路走到底，他还具有很强的逆向思维能力，在千军万马争过一条独木桥时，洛克菲勒独辟蹊径。当一些大财团为了在常人心目中的所谓中心地段觅得一块宝地而争得"头破血流"的时候，洛克菲勒则独辟蹊径，在当时看来"前途未卜"的地皮上玩起了逆向思维的把戏。从最初招致蠢人之举的嘲笑，到后来演绎成众人目瞪口呆的经典，洛克菲勒用逆向思维在同行中创造着一个个投资奇迹。逆向思维总是在竞争处于焦灼状态时显示其异军突起的超常魅力，谁敢于及时打破常规，谁就有可能率先在"山重水复"中"柳暗花明"。

洛克菲勒的"给予"更在于坚持之中的不为所动。而他的这种坚持也确实显现出了神奇的效果。从无偿送联合国地皮到地价飙升的过程，绝不是故事中的三言两语这般平淡，其间遭遇的起伏波澜可谓惊心动魄。然而洛克菲勒的"定力"更是常人难及，看准的事就要排除各种干扰坚持到底，走自己的路让别人随便说，他顶住了压力自然就笑到了最后。联想许多企业很有发展的项目半途而废，我们不得不感叹：成于坚持，败于动摇。

追求生活的纳尔逊

标准石油大厦

或许是笼罩在洛克菲勒家族盛大的名誉下太久，纳尔逊这个洛克菲勒家族的第三代子孙，敢于打破常规，他走上了一条出乎意料的道路。纳尔逊违反了洛克菲勒一再明确表示过的期望——要他把精力全都倾注在家族事业的要务中，竟然应邀出任了大都会艺术博物馆的理事，事实上他早就为该博物馆做了不少的事。他在给父亲写的信上说："我认为值得从事这项工作的理由是，我觉得在一个人的生活中，审美观念同他的精神发展或身体健康几乎是同等重要的。总之，一如我从前说过的那样，我觉得这一类职位所提供的机会不应遭到忽视。我很抱歉我在这件事上使您不愉快，但我希望您能理解我的观点。"

其实，纳尔逊只是受到其他事业的吸引罢了，他从来没有放弃过他父亲办公室的那份工作。1932 年，他和两位朋友组成了一家特克公司。

这是一家收取佣金和出租办公室的混合性企业，在这方面，纳尔逊显示了自己那敏锐的创业者目光。他喜欢利用家族关系去进行投机交易，使父亲深感不快。不久，纳尔逊把两位合伙人的股份都买下来独家经营。把公司的名称改为"特别工程公司"，又将其业务范围局限于出租洛克菲勒中心的房地产。

少年时的纳尔逊本想跟着大哥约翰第三进普林斯顿大学念书的，但是他的成绩很差，为此，他不得不请家庭教师补习功课，他的信心也从未动摇过。"在他人创立的企业中，踏着前人的足迹一级级地爬上去，只能在某些地方做一些小改小革，也许到了 60 岁，我才终于能爬到首脑的位置，才能真正掌握很少几年的管理权。不，那不符合我的理想，我要过真正的生活。"他在林肯学校的最后一年开始刻苦用功，总算进入了达特默思学院。他很实际，他要确定某一事物确实具有市场价值之后，才会愉快地接受它。

由于当时的美孚石油总是在舆论界受到很多恶评，因此在拟定毕业论文的时候，纳尔逊决心为他祖父的美孚石油公司写一篇坦率评价的论文。父亲得悉这事后，十分高兴，认为这是孩子对家族忠诚的一大表现，很具有挑战性。为了帮助纳尔逊写好这篇论文，父亲特地送来了老祖父没有发表的文稿，这是艾维·李委托英格利斯从老洛克菲勒的言谈中概括出来的精华部分，纳尔逊对像塔贝尔等专事揭发的记者所写的文章并不怎么爱读，但他却废寝忘食地一口气读完了英格利斯的文稿，还给家里写信说道："我不知道还有什么东西会使我产生出这么大的兴趣来，因为我第一次觉得我对祖父有了真正的了解，初步窥见了他一生的能力和伟大。"尽管纳尔逊对自己的前途忧心忡忡，尽管他对洛克菲勒家族的忠心日益坚定，但这一切都没有妨碍他对玛丽·托德亨特·克拉克的仰慕和追求。

这位美丽的姑娘玛丽与纳尔逊在西尔港结识，他们是那种一见钟情式的恋爱，从彼此见到对方的第一眼就种下了一往情深的种子，从此不能自拔、难舍难分，经常享受浪漫的约会。在大学四年级的那年初秋，他不顾父亲要他等一些时日的好心劝阻，硬是同这位迷人少女订了婚。玛丽是在费城的一个庄园里长大的，该庄园由英王乔治三世赠送给玛丽的祖先，产业从此遗传下来。在进入弗吉尼亚州的福克斯克罗夫特贵族学校之后，玛丽又去巴黎念了最后一年书。这门亲事也和父亲的婚姻一样，又提高了他们洛家的社交地位。

1930年，纳尔逊大学一毕业，就同玛丽在费城举行了隆重的婚礼。老祖父一视同仁，1925年给巴布斯的结婚礼金是2万美元，这次给纳尔逊的礼金也是2万美元。父亲给新婚夫妇的礼物则是一次很有意义的环球旅行。新婚夫妇走访了火奴鲁鲁、东京、首尔、北京、爪哇、苏门答腊等地。他们每到一站，都有当地的一名公司代表恭迎并招待他们，邀请他们享受异域风情，还陪伴他们出席有国王、王子或当地要人参加的盛宴。父亲还为儿子和儿媳妇弄到了一封英国首相拉姆齐·麦克唐纳的介绍信，准许他们进入大英帝国的一些地区。这些地区甚至越出了美孚石油公司所能到达的范围。在印度德里，新婚夫妇会见了诗人泰戈尔，然后访问了甘地的住所。纳尔逊父亲希望儿子能安居下来，担负起家族的任务。但也许纳尔逊的骨子里天生没有遗传父亲的基因，或者说遗传得过了头，他的这趟蜜月旅行燃起了他积压在心头已久的自主创业的烈火。1931年夏，纳尔逊到百老汇大街26号去工作，他发现自己最为担心的事果然得到了证实。在那里，一切事务都按照父亲40年来所形成的那个缓慢而稳健的节奏进行着。所到之处，他发现自己的雄心壮志总会受到父亲的顾问们的阻挠。最后，纳尔逊开始脱离他父亲的轨道。

不过，后来他也不得不承认，他自求发展的事业离不开洛克菲勒家族的支持，因为只有这个家族所拥有的企业，才能给他所需的权力和实力。1933年下半年，纳尔逊刚从墨西哥为现代艺术博物馆搜集到一批绘画作品回国后，就给父亲写了一封信，承认自己"正进入了一个新阶段"。这封信表明他愿意接受其家族的观点，为实现父亲的目标而努力。信里面写道："总之，我可以说的是，我只希望通过这封信使您明白，鉴于我的利益所系，我又回到家族的圈子里来了，今后我的愿望是，将以我有限的经验尽力为您效劳。"由此可见，纳尔逊与父亲和解是出于一种自私的动机。他认识到：在扩大家族的影响方面出一点力，就可以提高自己的知名度和重要性。但还有一个更为深远的原因，那就是他虽与父亲千差万别，但有一点是相同的，他们都察觉到他们的家族逐渐享有了一种在美国生活的其他豪门显贵所没有掌握过的权力。纳尔逊也像父亲那样，觉得这是上帝赋予洛克菲勒家族的特惠，他的任务就是把它向前推进一大步。在洛氏家门的第三代中，纳尔逊成了他父亲的代理人，他焦急地关注着兄弟们的进展，鼓励他们不断进取。当他不由自主地回到父亲的办事处工作时，他意识到了兄弟们的进展，并渴望能为他们制订出一个对他们未来的发展能起到补充作用的方案。

当纳尔逊要大纽约建筑工会派个人与他打交道时，对方就指定米尼为签订主要协议的人。结果，洛克菲勒中心大厦并没有因为罢工而失去一个工作日，到工程结束时，纳尔逊赢得了米尼的坚定敬意。到了1938年，洛克菲勒中心终于摆脱了令人沮丧的经济困境，安然进入了另一时期——不仅达到了收支两抵，甚至还赚了钱。

1934年，纳尔逊接受了德比伏伊斯的建议——去大通银行工作，以重新定位他家的事业。通过这一实践，他熟悉了各种业务经营，还懂得了如何去配合他父亲工作。但是使纳尔逊真正感兴趣的唯一部门却是大通银行的海外部以及它与国际政治和石油公司的关系。当他在大通银行度过那段学徒生涯时，有幸结识了该行的海外部负责人约瑟夫·罗文斯基。两人的关系十分火热。罗文斯基神通广大，既认识那些控制原料市场的各个国际卡特尔的巨头，又熟悉国际石油界的头面人物。

当1935年纳尔逊以大通银行代表的身份去伦敦时，罗文斯基帮助他与各方面进行接触，满意地注视这位年轻人成功地周旋于他们家族势力范围内的各个企业之间，那种活动方式是他父亲做梦也想不到的，至少他不会去干。出席纳尔逊在伦敦和巴黎举行的招待会的国际石油界人士，其热门话题都是有关马拉开波湖油田，该油田几乎在一

夜之间使委内瑞拉成为继美国之后的世界最大石油生产国，当时约有
100 多家公司相互竞争，都想获得委内瑞拉原油的招标，但最后仅有
三家石油公司中标，它们控制了全部原油的百分之九十九，其中新泽
西美孚石油公司获得了百分之四十九的股份，壳牌石油公司占有百分
之三十六，海湾石油公司的子公司米尼·格兰德公司占有百分之十
四。委内瑞拉最大的一家生产石油的公司是克利奥尔石油公司，它是
新泽西系统的王牌。这家公司备受纳尔逊的青睐。

　　他请求父亲从美孚股票的信托资金中提出一部分来换取克利奥尔
的股票。当然，换取的股数要足以使他成为这家公司的重要股东，他
决心跻身这家公司董事会，成为董事之一。1935 年是不平凡的一年。
这一年不仅对于纳尔逊是一个转折点，对控制委内瑞拉石油财富的克
利奥尔和别的公司也是如此。这年的 12 月中旬，控制委内瑞拉政坛长
达 27 年的独裁者胡安·维森特·戈麦斯魂归天国。戈麦斯政权被认为
是拉丁美洲历史上最残酷、最腐朽的政权之一。

　　但是，当委内瑞拉人民受苦之时，外国石油公司却在大发横财。在
20 世纪 20 年代石油繁荣时期，也是马拉开波湖的权益开放时期，凡是
外国公司所要求的，戈麦斯都拱手相让，他自己则获得了极为优厚的报
酬。结果，在他去世时，石油占委内瑞拉出口业的 99%。然而，全国却
有 70% 左右的人是文盲，60% 左右的人住在烂泥地的茅草屋中，而委内
瑞拉的就业人数也仅占总人口的 32%。这位独裁者一去世，新政府为了
安抚在戈麦斯时代被压抑的民族主义怒潮和社会动乱，就通过了严苛的
石油改革法，震撼了包括纳尔逊在内的石油界人士。但是，他们感到更

为可怕的事实则是整个西半球所燃起的来势凶猛的民族主义烈火：玻利维亚的革命政权在 1937 年把那里的美孚石油公司的财产收归了国有；次年，墨西哥的卡德纳斯政府也宣布没收外国石油公司的财产。多米诺骨牌效应一时间使西方的"吸油鬼"们吓破了胆。年轻的纳尔逊迷上了石油事业。

纳尔逊本能地认识到，在国际强权政治中，卡特尔是资本主义垄断组织的主要形式之一，是生产同类商品的资本主义企业为垄断商品销售市场、获取高额垄断利润而订立的协定，其内容包括：划分销售市场、确定商品产量或规定商品价格。但它们在生产、商业和法律等方面仍保有其独立性。石油是注定要起重要作用的。这样，纳尔逊就有意识地卷入了这股激流之中。1937 年春，他启程开始拉美 20 国之行。

此行还有罗文斯基、美国高级行政人员杰伊·克兰、他的夫人玛丽和他的弟弟温思罗普等人。他们乘坐美孚石油公司的游艇，沿着委内瑞拉的奥里诺科河溯游而上。纳尔逊巡视了克利奥尔石油公司的产业后，他向国内的父母兴致勃勃地汇报说："除非发生某些不可预料的事，看来这个国家将成为世界上最殷实的国家——这儿肯定蕴藏着非常丰富的石油。"这次旅行又成为了纳尔逊一生中的一个转折点，他发现了他一直在寻找的"伟大事业"。

他从加拉加斯回国后，就在伯利兹语言学校开设了一个西班牙语的速成班，只有那些不了解他的人才会怀疑这不过是他的又一次热情冲动了。但他却是认真对待拉丁美洲的。他要在新泽西美孚石油公司经理人员会上表述他所意识到的危机和机会，要求他们采取更加积极稳妥的方针去承担对社会应负的责任，并指出公司只有遵照人民的意愿和政府的法令才能保住财产不被没收。他甚至说公司领导层如果不认识自己的社会职责，就会被剥夺所有权。这些经理人员都是长期从事石油业的专家，这下突然发现这位洛克菲勒的继承人居然喋喋不休地教训起他们来了。纳尔逊花了好几个星期视察了他们的业务情况，一再向他们解释：为了避免像在墨西哥那样失去一切，他所设想的改革措施已势在必行了。

那些身居克利奥尔石油公司高位、反对纳尔逊的设想或把他的热情误认为是懦弱乏术的经理人员，不久就发现自己或被调职、辞退，或被明升实降地调任到国内无足轻重的职位了，12名伯利兹语言学校的教师被聘去帮助公司的美国高级职员和一般职工学习西班牙语，学习委内瑞拉的基本文化。不久，马拉开波湖的克利奥尔石油公司周围的铁丝网也被拆除了。一个类似洛克菲勒基金会倡议的那种公共卫生规划被提了出来，那个规划的部分资金是由政府捐助的，它的目的是消灭产油区内折磨工人的钩虫病、疟疾和一些热带地区的其他疾疫。在戈麦斯去世后的那几年中，委内瑞拉人民之所以反对石油公司，是因为石油繁荣导致该国成为经济单一的国家，这伤害了农业，从而使物价飞涨，破坏了国内的工业。

委内瑞拉的各种派别都一致认为，为了减轻对石油生产的依赖，经济上必须实行多样化方针。这样，展示出实施这种经济多样化的道路，就成了纳尔逊下一项改革的内容。1940年，纳尔逊集合了一批朋友和同行组建了委内瑞拉开发公司。为此，他筹集了300万美元的创办资金，其中三分之一来自他的家族，三分之一来自委内瑞拉的合伙人，三分之一来自各石油公司。在他成立开发公司的同时，他还组织了一批在他第一次南美之行时认识的和他年龄相仿的志同道合者。他们就像举行军事会议似的定期召开碰头会议，专门讨论拉丁美洲的形势并做出应对的策略。这个组织中的幕后策划人物，便是比纳尔逊年长20岁的"乔大叔"罗文斯基。此人是国际经济事务方面知情人中的佼佼者，后来纳尔逊去华盛顿参加罗斯福政府会议时，罗文斯基是他的随从之一。新泽西美孚石油公司的杰伊·克兰也是属于这个洛克菲勒研究小组的，此外还有说话简洁的华莱士·哈里森。这位高个子新英格兰人年轻时就当上了洛克菲勒中心的主要建筑师，一度声名鹊起。他的同辈人中有些人也许在艺术方面比他影响更大一些，但因华莱士已成了洛克菲勒家族的桂冠设计师，而他又是十分忠诚的，所以价值10多亿美元的房地产设计图样仍由他来负责。几年前，通过雷蒙德·福斯迪克介绍而被吸收到洛克菲勒家族圈子里来的，还有一位捷克经济学家比尔兹利·鲁姆尔。这位身材高大、满面红光的人也成为了洛克菲勒财团的主要谋士。1940年暮春，鲁姆尔先生听取了大家的意见，制订出了一份被称为白皮书式的"西半球经济政策"。该书提出了一些方案，一方面增加了美国在拉丁美洲的投资，另一方面也可以防止纳粹在那里赢得像其军队用闪电战横扫欧洲大陆那样的外交胜利。由此可见，这时纳尔逊的身边已集合起了一批智囊人物：约瑟夫·罗文斯基、杰伊·克兰、华莱士·哈里森和比尔兹利·鲁姆尔等。他们同心协力地把纳尔逊捧起，让他的政治触角悄悄地伸到了华盛顿。

　　1940 年 6 月 14 日夜晚，纳尔逊叩开了白宫的大门，他把一份 3 页多的备忘录交给了罗斯福总统的得力助手哈里·霍普金斯。在霍普金斯的授意下，纳尔逊便高声朗读了一遍听来更像是宣言而不仅仅是一份政策性建议的文件："不管这次战争的结果是德国获胜还是同盟国取得胜利，美国必须运用其行之有效的经济措施，来挫败极权国家的花招，以维护其国际地位。"7 月 8 日，纳尔逊正在同他的家属和亲朋好友们欢庆他 32 岁的生日，他接到了华盛顿打来的长途电话，是罗斯福总统的特别助理詹姆斯·福雷斯特尔打来的。福雷斯特尔在电话中征询纳尔逊的意见，问他是否能来华盛顿就有关职位一事进行磋商。第二天晚上，纳尔逊与福雷斯特尔在 F 街俱乐部的花园里共进晚餐。福雷斯特尔提请他担任新设的美洲事务协调官一职，并要求他考虑几天后再进行答复。纳尔逊立即乘飞机去盐湖城征求共和党领袖温德尔·威尔基的意见，当时威尔基正在进行总统候选人的竞选活动，那是得到纳尔逊舅父温思罗普协助并为洛克菲勒家族大力支持的。威尔基明确无误地告诉纳尔逊，说接受白宫的这个职位是他应尽的爱国义务，而且是他一手所促成的。在不到一个月前，温德尔·威尔基曾与哈里·霍普金斯有过一次谈话。在那次谈话中，这位共和党领袖就提议要设置这样一个职位。于是，纳尔逊便欣然接受了这一官职，并随即走马上任，从而开始了他那新的真正的仕宦生活。

第五章　生活中真实的洛克菲勒

　　美国早期的富豪多半靠机遇成功，唯有洛克菲勒例外。在他漫长的一生中，人们对他毁誉参半，有人认为他只不过是极具野心、唯利是图的企业家，也有人恭维他是个慷慨的慈善家。

　　现实生活中的洛克菲勒又是怎样的呢？

异常节俭的生活

　　洛克菲勒虽然拥有巨额财富，但他自己的生活却非常俭朴，他时时刻刻都在给他的儿女们灌输他在一贫如洗的儿时形成的价值观，防止他们挥金如土的第一步就是不让他们知道父亲是个富人。洛克菲勒的几个孩子在长大成人之前，父亲从来不让他们去他的办公室和炼油厂。

标准石油一号炼油厂

　　洛克菲勒在家里也实行市场经济的政策，称他的妻子为"总经理"，要求孩子们认真记账。孩子们靠做家务来挣零花钱：打苍蝇2分钱，削铅笔1角钱，练琴每小时5分钱，修复花瓶则能挣1元钱，一天不吃糖可得2分钱，第二天还不吃奖励1角钱，每拔出菜地里10根杂草可以挣到1分钱，唯一的男孩小洛克菲勒劈柴的报酬是每小时1角5分钱，保持院里小路干净每天是1角钱。洛克菲勒为自己能把孩子培养成小小的家务劳动力感到很得意，他曾指着13岁的女儿对别人说："这个小姑娘已经开始挣钱了，你根本想象不到她是怎么挣的。我听说煤气用得仔细，费用就可以降下来，便告诉她，每月从目前的账单上节约下来的钱都归她。于是她每天晚上四处转悠，看到没有人在用的煤气灯，就去把它关小一点儿。"

他有4个孩子，但为了让他们从小就懂得谦让，洛克菲勒只给他们买了一辆自行车。他的儿子不好意思地承认，由于他有三个姐姐，所以在8岁以前自己穿的都是裙子。

洛克菲勒生活极为朴素，16岁就买了个小本子记下每一笔收入和开支，一生都把账本视为自己最珍贵的纪念物。

教育女儿规划自己的人生

洛克菲勒夫妇在台下听着女儿伊丽莎白毕业演讲的那一刻，既激动、又很兴奋。圣路易中学是一所历史悠久的私立中学，能代表这所中学几千名优秀毕业生发言是十分荣耀的事情。即使如此，伊丽莎白仍对自己未来的职业选择充满困惑，洛克菲勒又想起那句古老的谚语："年轻人总是生活在虚幻的雨季中，其实一切都会雨过天晴。"于是他与妻子请女儿在演讲后到学校旁的小咖啡厅，就这个问题开始了谈话。

约翰·戴维森·洛克菲勒逗小孩

"哦，伊丽莎白，讲得真不错，你真棒！"洛克菲勒热情地吻了一下女儿的额头。

伊丽莎白的脸上带着纯真的笑，说："说真的，爸爸，我还真有点紧张呢！"谈话很快切入正题，她问父亲："爸爸，你说我10年后会干什么？"

洛克菲勒沉思了一会儿，微笑着说："亲爱的伊丽莎白，其实每个像你一样面临重大抉择的年轻人都会感到不安和疑惑，每个人在你这样的时期都会产生这样的苦恼。这一困惑时期，年轻人历来都感到苦恼。在年长者当中，也有人把这种优柔寡断的态度当做是'年轻人反复无常'而不予理睬。但我却认为，站在人生十字路口上的你，处于迷离恍惚的境界，不知所措，这是我们长辈的过错。

"作为集体社会，很遗憾我们没有尽到责任，没能使你们这个年龄层的人很有把握地决定自己未来的职业，没有为你们提供十分可靠的、确实起到作用的信息。对总称'工学'领域里几十个不同的方面模糊不清，怎么能当工程师呢？对医师、法学家在工作上有什么要求，你能懂多少？当然不可能知道。

伊丽莎白想了一会儿，似有所悟地问："爸爸，你是怎么知道我最感兴趣的职业的呢？"

洛克菲勒热情地向女儿建议道："伊尼，其实关于职业选择有一个捷径，就是能有一个人在相当长的一段时间里，不惜时间和精力，对你感兴趣的职业给予指点，实际上要获得有用的知识只有这种办法。

"很庆幸，我能在你弟弟就读的学校为实施这一方面的教学计划帮上点忙。这个教学计划是在一周的时间里从职业领域聘请演讲者。学生首先听一听 12 个人演讲的有关专业的大概情况，在这个基础上至少可以选择自己特别关心的两种职业。然后我们安排学生参观自己所选择的职业现场，志愿当医生的人去参观医院，对提炼金属感兴趣的人，就让他们参观化工厂。

"通过这次参观，许多学生对自己以前所关心的职业改变了想法，另一些学生对自己所选择的职业越发热情高涨，这样做最大的好处就是参加了这个活动的所有学生，都对谋生方式有所尝试，这对他们将来步入社会是很有帮助的。

"为了让学生在 20 年后仍对自己所选择的职业感到满意，学校通过这样的实践来让学生获得经验，至少比口头上忠告来得实际。而如此大规模的研究性问题仅用一周时间来产生具体的结果，显然是不够的。

"有一个既现实又很尖锐的问题，也是我一直想对你说的，在过去一段时间里，几乎社会上的岗位都为男人而设。你祖母'人生'的轨迹是出生在这个世界上的瞬间时就被决定了的，那就是生儿育女，操持家务。除了教师、护士，以前几乎没有适合女性的职业。工作岗位是'男人的世界'，女人该待的地方是家。我常常想，实际上家才是'真正'的工作岗位，'从日出到日落，女人的工作却没完没了。'提出这样名言的恐怕不是男人吧。

"在这个急速变迁的社会里，一般的男性会说：'值得庆幸的是，生儿育女的任务只限于女性。'但现在庞大的女性队伍却在家庭外面工作。30 年前我为取得正式的律师资格参加学习时，很少看到同一专业的女性。30 年后的今天，占毕业生35％的学生都是女性。法律、公共管理、经营管理、工学、建筑、医学等，都有这种倾向。现在，事实上所有的职业领域都是你考虑的对象。在浩如烟海的职业中如何进行选择变得尤为重要，想要缩小选择范围，并非没有办法。"

"那么，我该怎么办呢？爸爸。"伊丽莎白更加困惑地问洛克菲勒。

"伊丽莎白，为何你现在不预测一下 10 年以后的你做什么工作才感到幸福、满足？在做这样长期打算的时候，可以事先制作一个有吸引力的职业表，然后综合考虑其他方面的因素。为了走进自己感兴趣的领域，要考虑对必要的科目是否有把握，还有这些职业的生活方式及特点。比如女警官必须轮流上班，你能做得到吗？再比如海洋生物学家、考古学家那样的就业机会恐怕是有限的吧？由于地理上的限制，地质学家为了勘探新的矿床，必须长期离开家庭。在这种条件下，你能协调理想的家庭生活吗？如果没有特别吸引你的工作岗位，我劝你还是选择一个工作不受地理约束的职业。那样，即使迁居到别的地方，也可以把你的一技之长带走。

"在关于以后想做的事情方面，如果我能帮助你的话，就和你一起把你的白日梦压缩成两三个，经过讨论后，再对每个职业订出参观现场的计划。在我的朋友当中，有几个是与你所选择的职业领域有关系的，并乐意跟我们一起商量的人。我们长辈，如果能在这个重大问题上，对年轻人起到一点作用，那就已经感到很欣慰了。我们以前犯过很多错误，因此总想看到你以及你的青年朋友避免同样的错误。我在乐观地想，这个计划完成的时候，你会对未来充满信心，并满怀新的希望，一定能够引导出某种正确的结论来。"

"伊丽莎白，你有信心了吗？况且你是那么优秀。"洛克菲勒对伊丽莎白说道。

"看来我已经有了计划，真是感谢爸爸妈妈的提醒和开导！"伊丽莎白抚了一下长发，灿烂地一笑。

"最后，我想说的是，你现在面临的虽然是一个沉闷、严肃、需要果断下决定的问题，但它同时又是一件最快乐、最富有理想并且又非常具有挑战性的事情。你今后要按照自己的理想安排自己的人生，做你所希望做的事情。希望你能静下来考虑一下，愿你做一个飞向蓝天的梦。"洛克菲勒望着女儿充满朝气的面庞，严肃中带着些许温柔。

让女儿正确对待婚姻

也许是父亲的遗传，洛克菲勒的女儿伊丽莎白是个工作狂，除了工作，对日常生活中应尽的责任，比如感情、欲望都不在乎，正因如此，她的婚姻遇到了问题。

"爸爸，我现在总是很烦躁，尤其是回到家。马克越是对我好，我越是讨厌他，怎么办呢？"伊丽莎白垂着头，向父亲倾诉着。

洛克菲勒握住女儿的手说："伊尼，我想我不仅仅作为你的父亲，也作为一个了解后悔的人衷心地劝告你，要注意危险信号。请你后退一步，仔细查查原因。工作渐渐地占去了你大部分的时间，尤其像在买卖和市场交易的'无边无际'的领域里，这种倾向更为严

洛克菲勒和家人

重。的确，我平时劝你要想晋升就要勤奋工作，但这并不代表你可以抛开马克对你的支持、协作及爱情。如果你恃宠而骄，就别指望成功、知识、经验会保护你，除了你自己走出这个误区，否则谁也不能保证最后受伤害的不是你。恕我多管闲事，由于我在这个世界上比你多活了30多年，胆子也大了，我想顺便把问题追究到底，再提两三点意见。这段时间，马克一直配合你的情况安排自己的工作时间，并且在你为公司工作期间，他承担了80％的家务。一对好伴侣在有紧急和特殊情况时，一人不惜负担起两人的责任，这个时候一般彼此都无条件地乐意代劳，这就是同甘共苦，所谓婚姻生活就是这么一回事。可是，不管是多么爱妻子或丈夫，永远承担不公平的责任的配偶恐怕是没有的。如果你认为你的丈夫是主动地承担起责任的话，那是因为你的目光还不够明亮。"

女儿伊丽莎白摇摇头说："我无论如何也找不到当初的激情了。你知道，当初我和马克是多么相爱呀！"

洛克菲勒从女儿的眼中读出了几许失望。"这个，我怎么说呢？

我与你母亲的婚姻算是美满幸福的，可大多数时候我们的生活还是很平淡的。然而，我偶尔也会看到几对老夫妻，他们在一起时看上去是那么容光焕发。他们似乎真的是生活在爱河里，而不仅仅是相互依靠和容忍对方性格上的缺点。这种情景真是让人震惊，因为对我来说似乎是根本不可能的事。我不禁问自己，对于对方的不良习惯以及这么多年单调的生活，他们是怎样忍受下来的？当我们大多数人好像对伴侣感情淡漠、难以相处的时候，是什么使他们依旧彼此深爱着对方？

"我希望婚姻是一种转化。种下爱情的种子后，它还会成长、开花。我们不知道开的是什么花，但是肯定它会开花。如果你的选择是精心而明智的，爱情的花朵将会是甜美的；如果你选择的时候不用心或判断错误，爱情之花就不会完美。

"对于婚姻的负面转化这一现实，我们总是无可奈何地接受。我在年轻的时候，对于这种负面转化，总是感到害怕，因为它让我想起了婚姻的痛苦。实际上，我认为爱情在初期是激情万分的，但它以后却不可能变得更强烈、更有意义。我所相信的是这种激情的力量，担心的是它冷却后会带给我的失落与苦涩。

"但是的确也有积极的转化。就像消极转化一样，积极转化也是来自于一些小事的积累，小事就是对爱的理解逐渐深入。它会使爱情升华，而绝不是可以致人死亡的千万次的打击。这种积极的转化就是两个人的生活交织在了一起。两个不同的人、两种不同的风度、两种不同的意识走到了一起，并一起分享生活。他们看起来各自不同，其实早已融为一体。双方对生活都有了新的认识，我曾经担心的爱情的枯萎和生活的束缚并没有出现。"

经过洛克菲勒的耐心教导，女儿心里的困惑少了许多，或许她正在从那种悲观的情绪中逐渐地走出来。

洛克菲勒重新做人

洛克菲勒在他 33 岁那年赚到了他的第一个 100 万。到了 43 岁，他建立了一个世界最庞大的垄断企业——美国标准石油公司。53 岁时的他又在做什么呢？

洛克菲勒 53 岁时因为莫名的消化系统疾病，头发不断脱落，甚至连睫毛也无法幸免，最后只剩几根稀疏的眉毛。他被医生确诊为一种神经性的脱毛病，为此，不得不与一顶扁帽为伴。不久以后，他订做了一个价值 500 美金的假发，并一生与它为伴。

标准石油大厦

洛克菲勒是世界上最富有的人，却只能以简单的饮食为生。他每周收入高达几万美金——可是他一个星期能吃得下的食物却要不了两美金。医生只允许他喝酸奶，吃几片苏打饼干。因为如此，他瘦弱得像皮包骨一样，皮肤毫无血色。

这些都与他长期的忧虑、惊恐、压力及紧张情绪有关，他几乎把自己逼近坟墓的边缘。他永无休止地、全身心地追求目标。据亲近他的人说，每次赚了大钱，他的庆祝方式也不过是把帽子丢到地板上，然后跳一阵土风舞。但若赔了钱，他就会大病一场。

其实，他的病与自己经常废寝忘食地工作有关，除了教主日祈祷，他几乎所有的时间都用来赚钱，无暇游乐，也不能休息。但这次的病，也让他可以好好地卧床休息几天。

他的合伙人贾德纳发现洛克菲勒周末下午还在公司工作，就央求他说："来嘛！洛克菲勒，我们一起出海，航行对你有益，忘掉你的生意吧！来点乐趣嘛！"洛克菲勒警告说："乔治·贾德纳，你是我所见过最奢侈的人，你损害了你在银行的信用，连我的信用也受到牵连，你这样做，会拖垮我的生意。"结果他在办公室里待了整个下午。

永远缺乏幽默，永远只顾眼前，是洛克菲勒整个事业生涯的写照。他经常挂在嘴边的一句话是："闭上嘴，好好干活！"

但是他终究是个凡人，在长期的压抑和焦虑中，他的健康状况开始恶化，对这个新的"敌人"——由身体内部发出的疾病，他感到极为茫然与迷惑。

后来，医生告诉他财富与忧虑，或者他的生命，只能选择其中一种。他们警告他："再不退休，就只有死路一条。"

就这样洛克菲勒终于退休了。退休后，他开始学习打高尔夫球，从事园艺，甚至唱歌。他开始想到别人。这一生他终于不再只想着如何赚钱，而开始思考如何用钱去为人类造福。洛克菲勒开始把他的亿万财富散播出去。他成立了世界性的洛克菲勒基金会——旨在消灭世界上的疾病与无知。

　　当洛克菲勒散尽千万财富之后，他终于得到了真正的满足。洛克菲勒开心了，他彻底改变了自己，重新做人，克服了一切焦躁的情绪，使自己成为毫无忧虑的人。

　　享年98岁。

退休后的洛克菲勒

　　1896 年，洛克菲勒离开了标准石油公司总部——纽约百老汇路26 号，搬到了自己的庄园，他退休了！这一年他才 57 岁，为什么会急流勇退呢？有人说他自觉罪孽深重。洛克

纽约标准石油大厦的自助餐厅

菲勒成功的背后，确实有不少同行厂商倒闭、破产，饱受他那弱肉强食的垄断之苦。也有人说他患了严重的消化功能紊乱症。在过去的 40 年中，他要钱不要命，以致积劳成疾，不得不退休。

　　不过在当时，洛克菲勒的名声确实不太好，可谓是众叛亲离！由于他的吞并、垄断，许多小业主家破人亡；在宾夕法尼亚州油田

地带的居民身受其害，对他恨之入骨，有的居民做成他的木偶像，然后将那木偶像模拟处以绞刑，以解心头之恨。无数充满憎恨和诅咒的威胁信被送进他的办公室，连他的兄弟也不满他的行径，而将儿子的坟墓从洛克菲勒家族的墓园中迁出，说在洛克菲勒支配的土地上，儿子无法安眠！

或许，就是在此刻，他才领悟到，金钱并不能代表一切！他开始学打高尔夫球，去剧院看喜剧，还常常跟邻居闲聊。他学习过一种与世无争的平淡生活。他成了"街坊上的洛克菲勒"，过着与世无争、简单的生活。但洛克菲勒从来没有停止在商业上插手，他始终保留着标准石油公司的第一号股票，也从来没有忘记自己开创的石油事业。

退休隐居后，他的生活单调而乏味，几乎严格地恪守"一寸光阴一寸金"的箴言——早晨6点30分起床，7点到8点阅读报纸，8点到8点30分用早餐，8点30分到8点45分与别人随便聊一会儿天，8点45分到10点，处理个人事务，10点到12点打高尔夫球，12点到下午1点15分洗澡、休息，1点15分到3点用午餐兼玩玩数字游戏，3点到5点乘私人汽车外出兜风，5点到7点休息并听秘书读读报上开心的新闻，7点吃晚饭，8点到10点继续玩数字游戏或听听音乐，10点准时上床就寝。晚年，他尤其喜欢玩高尔夫球，85岁那年，他还能把球打进100英尺以外的球洞，几乎百发百中。不管刮风下雨，他都持之以恒地整装奔赴高尔夫球场。

面对拍摄他日常生活的摄影记者，他那干瘪的双唇间会发出含混不清的声音："上帝保佑，赐福石油公司，赐福天下百姓。"好一副菩萨心肠！洛克菲勒从不读书，他似乎觉得美元、数字、利润以外的事索然无味。他不跳舞，更不去夜总会，他最怕的是和企图引他上钩的女人来往。在对待女人的问题上，他和他的父亲截然不同。这位"英雄"除了自己的老婆——结发妻子劳拉以外，谁都不爱。

生活似乎给了洛克菲勒一种别人得不到的机遇：他创建了全美国第一家石油公司，他控制了全国的石油资源，攒积了美国历史上数字最大的私人财产。这个美国第一号10亿富豪成为全国为数不多的垄断美国工业王国的绝对象征。"世界和事业将是你们的！"这是他经常告诫儿孙们的一句话，今天，在纽约市美国无线电公司办公大楼的第五十六层洛克菲勒家族办公室的第一间接待室里，仍安放着洛克菲勒的一尊铜像，只要定神观察，你会发现铜像的面部表情略带一丝苦涩的微笑，一道微弱的光线从双眼中飘出，这尊铜像的面部消瘦且带有皱纹，但神态安详严肃，像是在暗自思忖如何对待眼下的繁荣和明天的危机、在计算一笔又一笔隐藏在心中的数字、在筹划和迎接下一个回合的挑战。

最大的慈善家

洛克菲勒虽然非常节俭，但他却对慈善毫不吝啬，他是美国历史上最大的慈善家。洛克菲勒基金会最初设立于1904年，称为公共教育基金。表面看来是对公共教育基金作补充的洛克菲勒基金会的组织，成立于 1910 年，并投入了大量的钱财，纽约立法机关于 1913 年 5 月 14 日对其颁布了特许令。

后来，洛克菲勒基金会于 1928 年与劳拉·培尔曼·洛克菲勒纪念基金合并，再加上老洛克菲勒新的捐赠，到 1951 年，资金已达到 3 亿多美元，2000 年超过 33 亿美元。洛克菲勒担任第一代会长，现在由家族第五代成员主持。仍坚持最初的捐赠传统，关注点始终是教育、健康、民权、城

约翰·D·洛克菲勒的
妻子劳拉·C·斯佩尔曼

市和农村的扶贫。其捐赠时间跨度之长、规模之大和成就之广泛显著，可以当之无愧地执美国乃至全世界慈善事业之牛耳。

基金会的资金和政策由一个独立的不拿薪水的理事（评议员）控制，负责向大学、研究机构和其他合格机构提供资助。基金会也从事自己的研究，但仅限于农业和病毒学。资助不对个人，也不能用于地方组织的建立和运行。

洛克菲勒基金会的最初宗旨是："促进全人类的安康"，之后随着社会的变迁，措辞上有些变动——"促进知识的获得和传播、预防和缓解痛苦、促进一切使人类进步的因素，以此来造福美国和各国人民，推进文明"，如上，其基本精神仍然以此为核心。

洛克菲勒这种具有划时代意义的奉献行为，使人们对他的看法和评价参差不一，在他的身后留下了一个自相矛盾的名声。他集虔诚和贪婪、同情心和凶残狡诈于一身；他是美国清教徒先祖们毁誉

参半的传统之化身，鼓励节俭和勤劳，同时又激发贪婪的本性。

由于担心有人会破坏墓地，他的棺木被放在一座炸药无法炸开的墓穴中，上面还铺着厚厚的石板。而各家报纸登载讣告纷纷把他说成是乐善好施的大慈善家，只字不提残忍的托拉斯大王。无论是持什么立场的政治家，包括那些同他有过过节的人，无不对他大加赞扬，一位检察官是这样称赞这位他曾经问讯过的、搪塞敷衍的证人的："除了我们敬爱的总统，他堪称我国最伟大的公民。是他用财富创造了知识，舍此更无第二人，世界因为有了他而变得更加美好。这位世界首席公民将永垂青史。"丘吉尔则这样评价他："他在探索方面所作的贡献将被公认为是人类进步的一个里程碑。"

洛克菲勒请人吃西瓜的故事

20世纪30年代，美国有一位年轻人，他特别想发财，一天到晚想着自己怎样才能发财，怎样可以成为百万富翁、千万富翁、亿万富翁。可是怎样才能实现自己的梦想呢？他想找一位有钱的富翁问问，看看人家是怎么发财的。

于是这位年轻人拿来了当时的富豪排行榜，找到了当时排名第一的美孚石油公司的洛克菲勒。洛克菲勒小时候的日子过得也很苦，也没有上过什么学，最后却成为了亿万富翁。

第一天，这位小伙子来到了洛克菲勒的家门口，按响了门铃。

碰巧那天洛克菲勒一个人在家没事做。他打开门一看，是一位素不相识的小伙子，于是就问他的姓名。小伙子介绍说："您好，我是一个十分上进的人，我想向您请教一下，您是如何成为亿万富翁的？"洛克菲勒把这个小伙子请进了屋。年轻人进屋一看，屋子里金碧辉煌，他从来就没有见过装修得这么漂亮的房子。

这时，洛克菲勒对这个小伙子说："今天家里的佣人都放假了，我要招呼你的话，也不知道相关的东西放在什么地方。现在我只找到了一个西瓜，就用它来招待你吧！"于是他把西瓜切成了大小不等的3块，对小伙子说："如果这3块西瓜代表你以后可能得到的不同利益，你如何选择？"

这位小伙子选择得十分快，他拿起那3块儿西瓜中最大的一块，吃了起来。洛克菲勒则选择了其中最小的一块吃了起来。就在小伙子还在吃那块最大的西瓜时，洛克菲勒已经吃完了那块最小的瓜，随手又拿起了另外的一块，冲着小伙子哈哈大笑，之后又把第二块西瓜也吃完了。

这时，小伙子好像明白了其中的道理。这3块西瓜里，虽然小伙子拿的那块最大，但是洛克菲勒先生吃的两小块加起来，可比小伙子吃的那1块大多了。

吃完西瓜，洛克菲勒跟小伙子讲起了自己成长与发财的经历。最后又对小伙子说："要想成功，你先要学会放弃眼前的那些利益，这样才能获取长远的利益，这就是我的成功之道。"

第六章　追求各异的洛克菲勒后代

　　经历了一个多世纪的洛克菲勒家族，仍在续写着辉煌的历史，洛克菲勒的后代们没有整天躲在房间里计划如何守住自己的财富，不让金钱落入别人口袋，而是积极地参与文化、卫生与慈善事业，将大量的资金用来建立各种基金，投资大学、医院，让整个社会分享他们的财富。

继承父业的小约翰·洛克菲勒

洛克菲勒在纽约第 54 大街的家

"我父亲的想法是，他的儿子一定得跟他同一个模式。我和弟弟们必须做有利于他的事，我因而被卷进了他的各种活动。从年轻时起，我就被安置在这些早已建立的机构中，同我一起工作的都是一些年纪比我大、能力比我强的人。但我所处的地位却很有趣，也十分合算，因为一切工作都是人家为我做好了的，犯了错误也算不到我的头上。我不是这里的人才选拔委员会的主席，就是那里的财务委员会的委员长。我参与了有关父亲的很多事。我想，可以从洛克菲勒基金会一直算到西尔港网球俱乐部。我是他的西尔港网球委员会主席，我的任务是每年物色职业网球运动员。那就足以向你们说明我所掌握的各种机会的范围了。"

小洛克菲勒从小生活在几乎与外界隔绝的温室中，这一点让他在日后的生活中有许多不适，为了不让自己的孩子和他一样，在这

种错误的环境中长大，他把自己的家安在西区第 54 街 10 号的一幢
九层高楼里，住所离中央公园很近。西尔港是他们一家人的消夏胜
地，跟他们在一起游玩的有埃德索尔·福特家族、埃利奥特家族等
富豪人家的子女。他们和他们的父亲一道设法使荒山岛被圈定为一
个国家公园，从而保护了岛上优美的雾景和他们那幽静的安乐窝。

四季景色各异的苍翠园林、东方式的雕像和精心修剪的草坪环
绕着他们的府第，看上去就像是一家乡村大饭店。那里离海滩很近，
孩子们常在大海里学习驾驶帆船，玩冲浪板。全家在缅因州度假时，
每个孩子都有各自的家庭教师。孩子们都喜欢缅因州的这个西尔港，
但它却远逊于面积约 3 500 英亩的波坎蒂科别墅，他们在那里欢度
周末或短暂的假期。屹立在高坡之上的这所雄伟的乔治式建筑，俯
瞰山坡，远眺森林和赫德森河的滚滚洪流，使那位他们拘谨地称作
爷爷的皱纹满面的老人显得十分渺小。不过，孩子们都懂得，这里
与其说是他的家园，不如说它已成了纪念他的名胜地。庄园的中心
部分景色宜人，有 18 世纪的梯形园圃，配上美观的灌木和大片的花
床。这里有从勒芒的侯爵庄园里移植过来的橘树，从苏格兰移植来
的落叶松，从英格兰移植来的紫杉，白石喷泉涌出的泉水流进了彩
石铺底的小溪。

此外，环绕整个庄园的，还有一个九穴的高尔夫球场。小洛克
菲勒特地为唯一的女儿巴布斯建造了一套游憩室——一间配备着家
具的房间，相当于一个小公寓那么大。波坎蒂科山庄附近镇上的姑
娘们经常来这里同巴布斯欢聚。她们像孩子般地嬉戏，又像青少年
一样被盛情款待着，常有许多朋友应邀来这里参加舞会，有小洛克

菲勒从纽约联系的乐队奏乐，又有艾比请来的女监护人前来陪伴。波坎蒂科比摩纳哥大 10 倍，有 5 个中央公园那么大。光是维修这所巨邸每年就得花费 5 万美元，而整个庄园的维修费则要花费 50 万美元。位于庄园中心的"公园"，面积约 250 英亩，成队的电动汽车常常环绕着"公园"无声地行驶着，男孩子们可以随时拦住一辆车上去玩，这个地方有意识地布置得富丽堂皇，体现着洛克菲勒由于认真记账和处理日常事务而获得的应有报酬。周围的环境是一个无声语言，表明一个人只要通过艰苦工作和耐心忍受，就能获得用之不尽、取之不竭的巨额财富；只要懂得善于经营管理这些巨额财富，他们就有可能享受这些巨额财富。

巴布斯是小洛克菲勒所有孩子中最具反抗精神的一个。她曾被送到保守的蔡平小姐女子学校去学习。她也是第一个敢公然违抗父亲命令、吸烟喝酒的女儿。当她成长为一位楚楚动人的少女时，她穿上最时新的服装，头戴一顶窄边圆顶的钟式女帽，成为爵士乐时代狂热的享乐主义者。在她成年之后，她把时间和精力都虚掷在参加舞会和出席酒会上。她每天回家很晚，总要睡到第二天的中午才起床，以便晚上再去过那种纸醉金迷的夜生活。一位青年律师戴维·米尔顿追求她，他个头儿挺高，头发金黄，颇像一个运动员，出生于波坎蒂科地区的一个有着消夏别墅的上等家庭。1922 年，他们结婚后，就双双搬到了纽约市的一个公寓里。11 年之后，巴布斯已经是一位 35 岁的两位孩子的妈妈了。他们这才回到威斯特切斯特，在那里盖了一栋住宅"哈得孙松林"。

1934 年 12 月，小洛克菲勒给 5 个儿子分别写了一封信，说他已把大部分家产作出处理，主要是用信托方式分给每人约 4 千万美元的美孚石油公司股票。小洛克菲勒本不愿那么匆忙地"分家"的。由于政府要实施新政规定的遗产税法，如果他生前没有把家产分开，那么应上缴的遗产税将达到他财产的百分之七十以上。1934 年也是实施新证券交易法案的第一年，按照这一法案的要求，凡持有某一公司股票百分之十或百分之十以上的人，都必须报告他们所持有的股数。

由于安排了"1934 年的信托"（他们就是这样称呼这种信托财产的），小洛克菲勒分散掉了很大一部分新泽西美孚石油公司和加利福尼亚美孚石油公司的股票，从而使他无需按照新法案规定向当局申报股数。如果说"分家"的时机的选择是由客观环境支配的，那么财产的传代则是势在必行的。对洛克菲勒王朝来说，这是一个决定命运的时刻。洛克菲勒兄弟和他们的父亲对此都是一清二楚的，这个时刻也似乎促使纳尔逊作出更大的努力。他从最初工作时起就当上了洛克菲勒中心的董事，那时总部还在百老汇大街 26 号，而这回他开始倾注全力在不景气的市场上，要把洛克菲勒大厦的空房子全都租出去。纳尔逊的努力正好碰上了全美不利于招揽租户的时刻，当时帝国大厦也只租出了三分之二的房间。摆在纳尔逊面前的困难是很多的。但是，疾风知劲草，板荡识忠臣。在这样的重重困难中，纳尔逊却获得了惊人的成功：他继承了他父亲那一套冒险致富的高明手法，用金钱诱使帝国大厦的租户退租，居然把洛克菲勒中心大厦的空房都租了出去，还赢得了友谊，结交了年轻的乔治·米尼——布朗克斯区的管子区代理商。

言听计从的约翰第三

1929 年，约翰第三从大学毕业后，曾接受了新闻媒体的采访。当时一位《展望》杂志的记者写道："假如富豪统治的美国可以有一个威尔士亲王的话，那这儿就有这么一位。年纪轻轻的洛克菲勒不仅仅是一个富豪的儿子，他还是把巨大财富传到了第三代的标志和象征。他的王朝是值得骄傲的，他必须明智管理，完整无缺地把它传下去，他将拥有比任何人所能想象的还要多的钱。至于他是否会有更多的乐趣，却是另一个问题了。"这正是问题的症结所在。约翰先生答应去参加舞会，那是为了取悦他的母亲，但他自己却从来没有对跳舞发生过兴趣。1929 年，虽然普林斯顿大学的一个班级突发奇想，投票选他是"最可能成功的人"，但他在学校里从来没感到自在过，尽管他拥有富甲天下的家产和盘根错节的社会关系，他仍感到自己有点儿土气，颇有盛名之累，就像另一种有不胜压力之苦的人那样。他不仅继承了他父亲的名字和脾气，而且也背上了小洛克菲勒年轻时那缺乏自信心的精神负担。他毕生在寻求一种清净乐土，使他这个长子长孙同那些强加给他的繁文缛节周旋之余，能够让自己放松一下。他曾经为普林斯顿大学的校刊招徕广告，他在布朗宁学校试图谋取他父亲当年担任过的足球队经理，但没有成功。

小洛克菲勒从他多年的经验判断，他的这位十分听话的长子的个性最适合于管理他家的慈善事业。到了1931年，约翰第三已成为洛克菲勒基金会、普通教育委员会、洛克菲勒学会、中国医药会和其他一些组织共33个不同的理事会或委员会的理事。43年之后，在纽约洛克菲勒中心美国无线电公司大楼第56层的镶橡木板的办公室里，约翰·戴维森第三坐在查尔斯·伊斯特曼画的约翰·戴维森·洛克菲勒第一的画像下面，正在表演着一出新戏——把他父亲恩施给他的权力用得恰到好处，把他家的事业再向前推进了一步。不过，那些接近洛氏财团的人都发觉，这位十分听话的长子对他家的事业和前途并没有独特的远见，不能赢得人们对他继承得来的领导权给予充分的支持。第三代的这幕戏将是长子的继承权被推翻，约翰·戴维森第三在他的老弟一辈人中将退居到次要位置。

但是太过于善良或"十分听话"的人，往往掌握不了继承的领导权。就像中国那句俗语所说的一样："人善被人欺，马善被人骑"。有一件小事可以说明。一位在洛克菲勒家当过长期职员的霍华德·诺尔斯回忆道："约翰（按：指约翰·戴维森第三）是跟人家保持距离的人，甚至可以说是落落寡合的人。你会觉得他总想缩在后边。他非常害羞，如果他做得到的话，他会一声不响地从你身旁悄然走过。而纳尔逊则与此相反，他一走进房间，就会拍着你的肩膀问你干得怎么样。他从没有用个人的力量把大哥约翰第三硬挤出去，他甚至连想都没有这样想过。我记得有一次，当5位男孩子（实际上他们那时已是青年了）坐下来拍照时，纳尔逊竟坐在正中，这本是自然而然的事，因为他是兄弟们注意的中心。他说俏皮话，逗得人人发笑。这时约翰第三却默默地坐在边上，一声不响，正经八百的，摄影师正待动手拍摄时，纳尔逊恍然悟到了什么。他急忙跑上前去，一手挽着约翰说：'来，好约翰，你是老大，你应该坐在正中。'约翰二话没说，就随即坐过去了。但这没什么关系，不管他坐在哪里，纳尔逊总是洛家第三代人的核心。"

冒险家劳伦斯

劳伦斯为了自己的远大前程而奋力拼搏，在 1940 年，他脱离二哥的庇护，从一个在羽翼下受护祐的小男孩成长为一个神情严肃、个头魁梧的小伙子，应召去了华盛顿。在继约翰·戴维森第三之后也进入了普林斯顿大学，劳伦斯也被视为"前途无量的人"。他主修的学科为哲学，系里开设的每一门课他都选修，广泛涉猎，不断充实自己。毕业时，他写的学位论文的标题是《价值观及其与伦理学的关系》。踏出

劳伦斯·洛克菲勒——

小约翰·洛克菲勒的儿子

大学门槛后，劳伦斯眼看大哥和二哥都早已成为青年实业家，在成功的道路上春风得意。毫无例外，他也想通过自力更生取得个人事业的飞黄腾达，甚至希望超过两个哥哥。为了继承母亲的夙愿——她一直认为洛克菲勒家族应该有一个律师，劳伦斯进入了哈佛大学

法律学院进修。

但在 1934 年期末考试时，劳伦斯遇到了巨大的困难，由此深信自己与法律这门学科无缘。也就在这一年，他决定跟玛丽·弗伦奇共结白首。这位姑娘是纳尔逊在达特默思学院念书时同寝室的一个同学的妹妹，他们家是佛蒙特州北太平洋铁路公司创办人比林斯家族的后裔。这对新婚夫妇先是把爱巢筑在纽约，劳伦斯便在第 5 600室开始工作了；后来这对夫妇继承了玛丽·弗伦奇老家佛蒙特州伍德斯托克的那幢巨厦，这已是多年之后的事了。在纽约定居期间，劳伦斯在大通银行学习了几个月的业务，随后就参加了洛克菲勒中心的董事会。

劳伦斯是一个对自己的事业孜孜以求的人，或许是因为在这样的家庭环境下长大的缘故，他不容许自己做得比别人逊色。在此期间，他寻找了一家同洛克菲勒家族没有利益之争的企事业单位作为自己事业的起点。1937 年，他终于同华莱士·哈里森和哈蒙·戈德斯通两位建筑师合作，共同创办了一家名叫"新家具公司"的家具进口与销售公司，因为他对 30 年代中期在美国一度走俏的斯堪的纳维亚家具发生了兴趣。在老洛克菲勒去世后的几周内，劳伦斯购买了他祖父在证券交易所的经纪人席位。他看不上那些股票上市的老牌公司，对它们不感兴趣。他所注意的倒是那些开设不久的小公司，因为它们需要洛氏家族去扶持，希望凭借他家的声望、关系和实力打开局面，拓展业务。劳伦斯热衷于冒险，并自诩为"冒险资本家"。为了在荆棘丛中独辟蹊径，劳伦斯选定了航空事业。

鉴于他的祖父和他的父亲都没有乘坐过飞机，劳伦斯决心在这一新兴工业中闯出一条路子来，成为"一代天骄"。为此，劳伦斯便大力支持他早先在童年时期曾无限倾慕的英雄埃迪·里肯巴克上尉，一位在第一次世界大战中的王牌飞行员。1938 年，里肯巴克上尉应邀加入了一个由库恩和洛布组成的辛迪加。里肯巴克的干劲十足、精力充沛，劳伦斯对此十分赞赏。此后几年中，劳伦斯陆续增加了对东方航空公司的投资，同时利用股票转让和购买权，最终成为一名最大的股东，具有左右董事会的实力。

1939 年，劳伦斯又结识了另一个信心十足的青年企业家，来自阿肯色州的苏格兰人詹姆斯·S·麦克唐纳。这人精力旺盛，很有抱负，曾在格伦·L·马丁公司任总工程师多年。他眼看战争即将来临，就决定自己创办一家公司，生产自己设计的飞机。这位身材修长的年轻人雷厉风行，说干就干。最初，劳伦斯支持麦克唐纳的意见，仅是出于对一个普林斯顿同学的礼貌，后来他对麦克唐纳的建议却发生了巨大兴趣。这不仅是因为麦克唐纳正是在国家需要战机时及时建立生产这种产品的工厂，更重要的原因是这种战机是新型的以喷气推进为动力的飞机。劳伦斯投资了 1 万美元，为了推动事业的顺利进展，他还设法帮助这家企业与政府签订了购销合同。他在圣路易斯飞机场的美国航空公司飞机库上面租了一个办公室，聘请了工程师，放手让他们去设计一种新型驱逐机，同时不懈努力，物色公司的支持者和新式战机的新买主。到了 1940 年，劳伦斯已经沉稳地迈进了这项"冒险"事业，在航空领域走得越来越远。

敢于尝试的温思罗普

温思罗普在家中的地位十分尴尬，他下面还有一个弟弟，比他小三岁，聪明伶俐的弟弟夺得了父母几乎全部的疼爱，这使得他本应享有的地位和爱都被这个小弟弟排挤掉了。这种不利的情况一经定格，就演变成了一个恶性循环的怪圈：家里人越是瞧不起他，他的处境就越为困难；而他的处境越是困难，家里人似乎越有理由瞧不起他。很快，他开始把自己看成是一个外人，一个与洛克菲勒家族格格不入的人。

石油大厦

温思罗普虽然在家里跟兄弟的关系处理的不善，但在林肯学校里同其他孩子却相处得很好，他显得和蔼可亲，彬彬有礼。不过，他在林肯学校的成绩却非常不理想。父亲以为这个儿子可能需要一个管教更为严格的环境，于是把他送到了卢米斯寄宿学校。幸运的是，温思罗普在那儿努力读完最后一年时，母亲艾比松了一口气。她给女儿露茜写信说："总算幸运，他真的毕业了！"

以后，在家庭教师的辅导下，经过一个夏天的艰苦努力和他父亲的从中说情，温思罗普居然混进了耶鲁大学。小洛克菲勒继承了家族的传统，那就是记账，这一严谨的作风被视为洛克菲勒家族的

"不成文的规定"保留了下来，因此对于小洛克菲勒的孩子来说，温思普罗也没有逃掉这样的厄运。但在他进入耶鲁大学以后，他就无法再坚持记账，甚至几个星期账簿上都是一片空白。到大学二年级时，他必须把自己的账册交给父亲审核以便领取下学期的费用时，他这才恐慌不已。有一回，他被逼得无路可走，一度萌生邪念，妄想偷同学的钱去平衡自己的收支。为了避免父亲的责难，他在无可奈何的困境中，不得不哀求大姐巴布斯支援，巴布斯借给了他一大笔钱来应付老爸的盘查。

后来，温思罗普足足花了三年的时间，才把大姐的这笔债还清了。温思罗普原本是耶鲁大学 1935 届学生。两个学期下来，成绩较差，被留级，退到了 1936 届。

最后，他一再跟父亲说，学校里实在是太煎熬了，虽然这样的话让人感觉是那样的难以启齿。家里还是同意了他退学。当他最后离开耶鲁大学的校门时，虽然于心不安，但私下还是庆幸的。培养孩子绝望之后，小洛克菲勒寻思再三，最后决定把温思罗普送去美孚石油公司在得克萨斯州的一家规模极大的原油子公司——亨布尔炼油公司。

那是 1936 年的事。刚进公司时，温思罗普担任油井实习工，成为洛氏兄弟中第一个与群众生活在一起的人。开始时，工人都怀疑这个小洛克菲勒的"四公子"是专门派来监视他们的密探，于是纷纷排挤他，有的人甚至威胁要他的命。这时，小洛克菲勒急了，就想给这个宝贝儿子雇用保镖。温思罗普这时倒表现得很有主见：他一方面向同事们解释，一家石油公司绝不会派一个自己的亲人来充当密探的；另一方面他花了 1 美元，向警局副局长领取了私人佩带左轮手枪的许可证。工人们虽然没有真要他的命，但还是捉弄了他，给他搞了一些恶作剧，还想尽办法来考验他的持久力和忍耐心。

好在温思罗普接受了同事们的考验，在工作中表现良好。他在油田工作了一年，当过地球物理勘探工、半熟练的炼油工、石油精炼工和油管安装工等，到一年结束时，他几乎把石油生产的各个方面都实践了一遍。他的同伙也渐渐开始喜欢他、尊重他，称他为"洛克"。这样一来，温思罗普对新环境完全习惯了，对周围世界倍加热爱。须知在油田评判一个人的成败，并不是凭他的姓氏和家族的财力，而是首先看他打油井的速度和质量。温思罗普把这一年当成他一生中最美好、最难忘的黄金时刻。

1937年，温思罗普随同纳尔逊等人沿奥里诺科河巡视了委内瑞拉油田归来之后，便在索可尼一家真空石油公司的外贸部门谋得了一个职位，还担任了大纽约基金会的副主席，因而在洛氏家族慈善事业中承担了一份义务。他努力使自己成为家族队伍中的一员，但要赢得他们的尊敬则很不容易。这是因为，很多人说他有酗酒的恶习，有一些记者（如吉米·菲德勒和其他"花絮新闻"的专栏记者）还不时报道他经常出没于"摩洛哥"和其他夜总会的丑闻，这一切都使他父亲感到十分烦恼。这样的烦恼终于在1941年宣告结束，小洛克菲勒终于为这个不争气的儿子松了口气，压在心上的一块大石头落了地。温思罗普入了伍，成了一名步兵队的士兵。

也许这对于洛克菲勒家族和温思罗普自身来说，都是最让人欣慰的结局。

年龄最小的戴维

小戴维好像从一出生就意识到了自己与生俱来的权利。他那唯我独尊的心理状态随着他的不断成长而变成了他那不可动摇的自信心。他长大后又聪明又自信，从不犹豫不决，而且一路顺风，十分幸运，没有付出任何代价就分享了四个哥哥所赢得的胜利。霍勒斯·奥尔布赖特回忆说，戴维是一个健壮的小家伙，他在黄石公园的树林里四处奔跑，扳开巨石寻找下面的叶片和甲虫做标本。

这个天之骄子对昆虫学发生了兴趣，他在林肯学校五年级时，一位教师对他进行了引导，他终身对这一学科的酷爱正是从那时开始的。等到他进入哈佛大学时，他对甲虫研究的偏爱已经发展到了登峰造极的地步，因而获得了

标准石油一号炼油厂

教师的特许，选修研究生的昆虫学课程，虽然那时他还只是一个大学一年级的学生。他在大学里唯一获得优等成绩的课就是这一门。

由于戴维专心致志地搜集甲虫标本，全副身心地酷爱昆虫学，昆虫学终于成为他事业之余的特大癖好。他私人搜集的甲虫标本堪

称世界一绝，并被列入美国自然历史博物馆目录。作为回报，戴维就大力资助设在亚利桑那州的一个研究站。这个站的工作是专门采集整个西南各州的昆虫标本。他们分离出了两个稀有品种，然后以"洛克菲勒"姓氏命名。这两个品种是：带黄点的褐色四甲虫和虎甲科甲虫。尽管戴维有这一拿手强项，但他毕竟娇生惯养，自视甚高，因此早年在林肯学校时常遭人白眼甚至厌弃，据洛氏兄弟们的同学路易丝·马耳夫人事后回忆，说大伙儿都喜欢纳尔逊、劳伦斯和温思罗普，不喜欢戴维。马耳夫人说道："戴维是他们的小老弟，可总爱夸耀自己有钱，夸耀自己去过的地方多，到过欧洲，他的家族多么富有。所以在任何一名高校的女学生眼里，他都是一个讨厌的家伙。"

经过了一番努力，1936 年，戴维终于在哈佛毕业了。小洛克菲勒十分想让这个儿子走入政坛，像他的哥哥纳尔逊一样。因此小戴维一毕业便被父亲送去加拿大拜访麦肯齐·金，以便尽量得知他对儿子的看法。身为加拿大总理的埋肯齐·金认为：小戴维的表现在洛氏家族中肯定是首屈一指的，并且前途远大，但当前的国际商势风云诡谲，变幻莫测，无法估量，所以不是进入政坛的好时机，因此不必忙于作出决定，最好的办法是将戴维送去研究院深造，静观世态为宜。

同年秋，戴维即被送去伦敦经济学院进修。他常被邀请参加那些一般是由外交官和政府高级官员举办的鸡尾酒会，并有幸会见了约琴夫·肯尼迪大使的一家，还和他的女儿凯思林有过约会。他每周还花几个小时在大通银行伦敦分行工作。从伦敦经济学院毕业之后，戴维又回到芝加哥大学学习，1938 年获得了博士学位。伊莱扎·洛克菲勒的那句神圣格言"恣意的浪费势将导致可悲的贫乏"在戴维撰写的那篇博士论文中又被引用了。他那篇论文的题目是《不使用的资源和经济上的浪费》。

他在该文中指斥资本主义的垄断是一种反生产行为，但他的家庭教育和对老浸礼会的信仰却使他在批判"庸夫"一章节中认为这才是"最最严重的浪费"。1939 年，富兰克林·德拉诺·罗斯福总统属下的内政部长哈罗德·伊克斯在他的日记中写道："戴维·洛克菲勒是有政治前途的。他很像他的母亲，而且是一个好孩子。他决心投身政界，还征求过我的意见，作为起点，给他提供了在拉瓜迪亚市长手下工作的一个职位。是接受这一职位，还是去华盛顿，他一度在这两者之间犹豫不决。"

1940 年，戴维最终决定去当拉瓜迪亚的助手，并帮助拉瓜迪亚解决了不少麻烦问题，他也很乐意为这个城市工作。不过，这时的戴维仍不改当年的积习，每次接电话时总爱突出他的姓氏，说："市政厅，洛克菲勒在说话"。为此，市长不得不制止他的这一口头禅。在该市实习期满后，戴维却表现出对政治不感兴趣，至少对竞选政治淡然寡味：不爱跟人家唇枪舌剑、针锋相对地展开辩论，尽管他也有纳尔逊那样的雄心壮志。戴维同纳尔逊一样，同样十分热衷于追求权力，但两人又截然不同，纳尔逊追求的是一种选民所给予的变幻无常的权力，而戴维则更喜欢追求一种可靠而真实的能为自己所掌握的权力。后来，他对此剖白得十分清楚，可以说是一针见血。他说道："这一领域的危险，在于它会把你的全部时间都消耗在竞选上。"

第七章　洛克菲勒对子女的告诫

　　洛克菲勒虽然聚敛了巨额财富，但自己的生活却非常俭朴，而且时时刻刻都在给他的儿女们灌输他在一贫如洗的儿时形成的价值观。防止他们挥金如土的第一步就是不让他们知道父亲是个富人。洛克菲勒的几个孩子在长大成人之前，从没去过父亲的办公室和炼油厂。

　　由此可见，洛克菲勒对子女的教育非常重视，这也是洛克菲勒家族打破"富过六代"神话的治家法宝。

起点不代表终点

上帝为我们创造双脚，是要让我们靠自己的双脚走路。这个世界就如同一座高山，当你的父母生活在山顶上时，注定你不会生活在山脚下；当你的父母生活在山脚下时，注定你不会生活在山顶上。在多数情况下，父母的位置决定了孩子的人生起点。

但这并不意味着，每个人的起点不同，其人生结果也不同。在这个世界上，永远没有穷、富世袭之说，也

老洛克菲勒创建的标准
石油公司的标志

永远没有成、败世袭之说，有的只是我奋斗我成功的真理。我坚信，我们的命运由我们的行动决定，而绝非完全由我们的出身决定。

就像你所知道的那样，在我小的时候，家境十分贫寒，记得我刚上中学时所用的书本都是好心的邻居为我买的，我的人生开始时也只是一个周薪只有 5 元钱的簿记员，但经过不懈的奋斗我却建立了一个令人艳羡的石油王国。在他人眼里这似乎是个传奇，我却认为这是对我持之以恒、积极奋斗的回报，是命运之神对我艰苦付出的奖赏。

机会永远都不会平等，但结果却可能平等。在历史上，无论是

在政界还是在商界，尤其在商界，白手起家的事例俯拾皆是，他们都曾因贫穷而少有机会，他们却都因奋斗而功成名就。然而，历史上也充斥着富家子弟拥有所有优势，却走向失败的事例。麻州的一项统计数据说，十七个有钱人的孩子里面，竟然没有一个在离开这个世界时还是富翁。

而在很久以前，社会上便流传着一个讽刺富家子弟无能的故事，说在费城的一个小酒吧里，一位客人谈起某位百万富翁，说："他是白手起家的百万富翁。""是啊，"旁边一位比较精明的先生回答说，"他继承了两千万，然后他把这笔钱变成了一百万。"

家族的荣耀与成功的历史，不能保证其子孙后代的未来将会美好。我承认早期的优势的确大有帮助，但它不能保证最后会赢得胜利。我曾不止一次地思考这个对富家子弟而言带有悲哀性的问题，我似乎觉得，富家子弟开始享有了优势，却很少有机会去学习和发展生存所需要的技巧。而出身低贱的人因迫切需要解救自身，便会积极发挥创意和能力，去珍视和抢占各种机会。我还观察到，富家子弟缺乏贫贱之人的那种要拯救自己的野心，也只得祈祷上帝赐予他成就了。

一个真正快乐的人，是能够享受他的创造的人。那些像海绵一样，只取不予的人，只会失去快乐。

我相信没有不渴望过上快乐、高贵生活的人，但真正懂得高贵快乐生活从何而来的人却不多。在我看来，高贵快乐的生活，不是来自高贵的血统，也不是来自高贵的生活方式，而是来自高贵的品格——自立精神，看看那些赢得世人尊重、处处施展魅力的高贵的人，我们就知道自立的可贵。

优异的品格比世界上任何财富都更有价值，它将帮助你铺设出一条美好的前程，并将助你拥有成功而又充实的人生。

我们需要强化这样的信念：起点可能影响结果，但不会决定结果。能力、态度、性格、抱负、手段、经验和运气之类的因素，在人生和商业世界里扮演着极为重要的角色。你的人生刚刚开始，但一场人生之战就在你面前。我能深切地感觉到你想成为这场战争的胜者，但你要知道，每个人都有追求胜利的意志，只有决心做好准备的人才会赢得胜利。

运气靠的是人生设计

有些人注定要成为令人眩目的王者或伟人，因为他们有非凡的才能，他们长着一颗能制造运气的脑袋。

在我眼里，老麦考密克永远是位野心勃勃且具有商业才能的实业巨子，他用收割机解放了美国农民，同时也把自己送入全美最富有者的行列。法国人似乎更喜欢他，盛赞他为"对世界最有贡献的人"。哦，这真是一个意外的收获。

约翰·戴维森·洛克菲勒曾发的电报

这位原本只能做个普通农具商的商界奇才，说过一句深奥的名言："运气是设计的残余物质。"

这句话听起来的确让人颇费脑筋，它到底是指运气是策划和策略的结果呢，还是指运气是策划之后剩余的东西呢？我的经验告诉我，这两种意义都存在，换句话说，我们在创造自己的运气，我们任何行动都不可能把运气完全消除，运气是策划过程中难以摆脱的福音。

麦考密克洞悉了运气的真谛，打开了运气进来的大门。所以，我对麦考密克收割机能行销全球，成为日不落产品，丝毫不感到奇怪。

然而，在我们这个世界上，很难找到像麦考密克先生那样善于策划运气的人也很难找到不相信运气的人和不误解运气的人。

在凡夫俗子的眼里，运气永远是与生俱来的，只要发现有人在职务上得到升迁、在商海中势如破竹，或在某一领域取得成功，他们就会很随便、甚至用轻蔑的口气说："这个人的运气真好，是好运帮了他！"这种人永远不能窥见一个让自己赖以成功的伟大真理：每个人都是他自己命运的设计师和建筑师。

我承认，就像人不能没有金钱一样，人也不能没有运气。但是，要想有所作为就不能等待运气光顾。我的信条是：我不靠天赐的运气活着，但我靠策划运气而发达。我相信好的计划会左右运气，甚至在任何情况下，都能成功地影响运气。

世界上什么事都可能发生，就是不会发生不劳而获的事，那些随波逐流、墨守成规的人，我不屑一顾。他们的大脑被错误的思想所盘踞，以为能全身而退就值得沾沾自喜。

要想让自己好运连连，我们必须要精心策划运气，而策划运气，需要好的计划，好的计划一定是好的设计，好的设计一定能够发挥作用。你需要知道，在构思好的设计时，要首先考虑两个基本的先决条件：第一个条件是知道自己的目标，譬如你要做什么，甚至你要成为什么样的人；第二个条件是知道自己拥有什么资源，譬如地位、金钱、人际关系，乃至能力。

这两个基本条件的顺序并非绝对不能改变，你可能先有一个构想、一个目标，才开始寻找适于目标的资源。还可以把它们混合一处，形成第三和第四种方法，例如你已定立了某种目标和拥有了某种资源，为实现目标，你必须选择性地创造一些资源，也可能拥有一些资源和定立了某个目标，你必须根据这些资源，提高或降低目标。

你根据资源调整目标或根据目标调整资源之后，就有了一个基础——可以据此构思设计的结构，剩下的东西就是用手段与时间去填充，等待运气的来临了。

你需要记住，设计运气，就是设计人生。所以在你等待运气的时候，你要知道如何引导运气。试试看吧。

天堂与地狱比邻

有一则寓言很有意味，也让我感触良多。

在古老的欧洲，有一个人，在他死的时候发现自己来到了一个美妙而又能享受一切的地方。他刚踏进那片乐土，就有个看似侍者模样的人走过来问他："先生，您有什么需要吗？在这里您可以拥有一切您想要的：所有的美味佳肴，所有可能的娱乐以及各式各样的消遣，其中不乏妙龄美女，都可以让您尽情享用。"

这个人听了以后，感到有些惊奇，但非常高兴，他暗自窃喜：这不正是我在人世间的梦想嘛！一整天他都在品尝所有的佳肴美食，同时尽享美色。然而，有一天，他却对这一切感到索然无味了，于是他就对侍者说："我对这一切感到很厌烦，我需要做一些事情。你可以给我找一份工作做吗？"

他没想到，他所得到的回答却是："很抱歉，我的先生，这是我们这里唯一不能为您做的。这里没有工作可以给您。"

这个人非常沮丧，愤怒地挥动着手说："这真是太糟糕了！那我干脆就留在地狱好了！"

洛克菲勒与美国副总统在白宫讨论军事策略

"您以为您在什么地方呢？"那位侍者温和地说。

这则很富幽默感的寓言，似乎告诉我们：失去工作就等于失去快乐。但是令人遗憾的是，有些人却要在失业之后，才能体会到这一点，这真不幸！

我可以很自豪地说，我从未尝过失业的滋味，这并非我运气，而在于我从不把工作视为毫无乐趣的苦役，却能从工作中找到无限的快乐。

我认为，工作是一项特权，它给人带来比维持生活更多的事物。工作是所有生意的基础，所有繁荣的来源，也是天才的塑造者。工作使年轻人奋发有为，比他的父母做得更多，不管他们多么有钱。工作以最卑微的储蓄表示出来，并奠定幸福的基础。工作是增添生命味道的食盐。但人们必须先爱它，工作才能给予人最大的恩惠、才能使人获得想要的结果。

我初进商界时，时常听说，一个人想爬到高峰需要牺牲很多。然而，岁月流逝，我开始了解到很多正爬向高峰的人，并不是在"付出代价"。他们努力工作是因为他们真的很喜欢自己的工作。任何行业中往上爬的人都是很投入地在做自己的工作。衷心喜欢自己从事的工作，自然也就容易成功了。

热爱工作是一种信念。怀着这个信念，我们能把绝望的大山凿成一块希望的磐石。一位伟大的画家说得好，"痛苦终将过去，但是美丽永存"。

但有些人显然不够聪明，他们有野心，却对工作过分挑剔，一直在寻找"完美的"雇主或工作。事实是，老板需要准时工作、诚实而努力的员工，他只将加薪与升迁机会留给那些对工作格外努力、格外忠心、格外热心以及花更多的时间做事的员工，因为他是在经营生意，而不是在做慈善事业，他需要的是那些更有价值的人。

不管一个人的野心有多大，他至少要先起步，才能到达高峰。一旦起步，继续前进就不太困难了。工作越是难做，越要立刻去做。他等的时间越久，工作就变得越困难、可怕，这有点像打枪一样，你瞄的时间越长，射击的机会就越渺茫。

收入只是你工作的副产品，做好你该做的事，出色完成你该完成的工作，理想的薪金必然会来。而更为重要的是，我们劳苦的最高报酬，不在于我们所获得的，而在于我们会因此成为什么。那些头脑活跃的人拼命劳作决不是只为了赚钱，使他们的工作热情得以持续下去的东西要比只知敛财的欲望更为高尚——他们是在从事一项迷人的事业。

工作是一种态度，它决定了我们快乐与否。同样都是石匠，同样在雕塑石像，如果你问他们："你在这儿做什么？"他们中的一个人可能就会说："你看到了嘛，我正在凿石头，凿完这块我就可以回家了。"这种人永远视工作为惩罚，从他嘴里最常吐出的一个字就是"累"。

另一个人可能会说："你看到了嘛，我正在做雕像。这是一份很辛苦的工作，但是酬劳很高。毕竟我有太太和四个孩子，他们需要温饱。"这种人永远视工作为负担，从他嘴里经常吐出来的一个词就是"养家糊口"。

第三个人可能会放下锤子，骄傲地指着石雕说："你看到了嘛，我正在做一件艺术品。"这种人永远以工作为荣，以工作为乐，在他嘴里最常吐出的一句话是"这个工作很有意义"。

天堂与地狱都是由自己建造的。如果你赋予工作意义，不论工作大小，你都会感到快乐，自我设定的成绩不论高低，都会使人对工作产生乐趣。如果你不喜欢做的话，任何简单的事都会变得困难、无趣，当你叫喊着这个工作很累人时，即使你不卖力气，你也会感到精疲力竭，反之就大不相同。

如果你视工作为一种乐趣，人生就是天堂；如果你视工作为一种义务，人生就是地狱。

现在就去做

聪明人说的话总能让我记得很牢。有位聪明人说得好，"教育涵盖了许多方面，但是他本身不教你任何一面。"这位聪明人向我们展示了一条真理：如果你不采取行动，世界上最实用、最美丽、最可行的哲学也无法行得通。

我一直相信，机会是靠行动得来的。再好的构想都有缺陷，即使是很普通的计划，

洛克菲勒中心

但如果切实地去执行，都会比半途而废的好计划要好得多，因为前者会贯彻始终，后者却前功尽弃。所以我说，成功没有秘诀，要在人生中取得正面结果，有过人的聪明智慧、特别的才艺当然好，没有也无可厚非，只要肯积极行动，你就会越来越接近成功。

　　遗憾的是，很多人并没有吸取这个大教训，结果将自己沦为了平庸之辈。看看那些庸庸碌碌的普通人，你就会发现，他们都在被动地活着，他们说的远比做的多，甚至只说不做。但他们几乎个个都是找借口的行家，他们会找各种借口来拖延工作，直到最后他们证明这件事不应该、没有能力去做或已经来不及了为止。

　　与这类人相比，我似乎聪明、狡猾了许多。盖茨先生吹捧我是个主动做事、自动自发的行动者。我很乐意接受这样的吹捧，因为我没有辜负它。积极行动是我身上的另一个标识，我从不喜欢纸上谈兵或流于空谈。因为我知道，没有行动就没有结果，世界上没有哪一件东西不是由一个个想法付诸实施所得来的。人只要活着，就必须考虑行动。

　　很多人都承认，没有智慧基础的知识是没用的，但更令人沮丧的是即使空有知识和智慧，如果没有行动，一切仍属空谈。行动与充分的准备其实可视为物体的两面。人生必须适可而止，做太多的准备却迟迟不去行动，最后只会徒然浪费时间。换句话说，事事必须有节制，我们不能落入不断演练、计划的圈套，而必须承认现实：不论计划有多周详，我们仍然不可能准确预测最后的解决方案。

　　我当然不否认计划的重要性，计划是获得有利结果的第一步，但计划并非行动，也无法代替行动。就如同打高尔夫球一样，如果没有打过第一洞，便无法到达第二洞。行动解决一切，没有行动，什么都不会发生。我们无论如何也买不到万无一失的保险，但我们可以做到的是下定决心去实行我们的计划。

缺乏行动的人，都有一个坏习惯：喜欢维持现状，拒绝改变。我认为这是一种深具欺骗性和自我毁灭效果的坏习惯，因为一切都在变化之中，正如人会生死一样，没有不变的事物。但因内心的恐惧——对未知的恐惧，很多人抗拒改变，哪怕现状多么不令他满意，他都不敢向前跨出一步。看看那些本该事业有成却一事无成的人，你就知道不同情他们是件很难的事。

是的，每个人在决定一件大事时，心里都会或多或少有些担心、恐惧，都会面对到底要不要做的困扰。但"行动派"会用决心燃起心灵的火花，想出各种办法来完成他们的心愿，更有勇气克服种种困难。

很多缺乏行动的人大都很天真，喜欢坐着等事情自然发生。他们天真地以为，别人会关心他们的事。事实上，除了自己以外，别人对他们不大感兴趣，人们只对自己的事情感兴趣。例如一桩生意，我们获利比重越高，就越要主动采取行动，因为成败与别人的关系不大，他们不会在乎的。这时候，我们最好把它推一把，如果我们怠惰、退缩，坐等别人采取主动来推动事情发展的话，结果必定会令人失望。

一个人只有自己依靠自己，他才不会让自己失望，并能增加自己控制命运的机会。聪明人只会去促使事情发生。

人生中最令人感到挫败的，莫过于想做的事太多，结果不是没有足够的时间去做，而是被做不到的情绪所震慑，以致一事无成。我们必须承认，时间有限，任何人都无法做完所有的事情。聪明人知道，并非所有的行动都会产生好的结果，只有明智的行动才能带来有意义的结果，所以聪明人只会选择做了以后能获得正面效果的工作，做与完成最大目标有联系的工作，而且专心致志，所以聪明人总能作出最有价值的贡献，并捞到很多好处。

吃掉大象需要一口一口地吃，做事也一样，想完成所有的事情，只会让机会溜掉。我的座右铭是：洛克菲勒对紧急事件采取不公平待遇。

很多人都是自己使自己变成了一个被动者，他们想等到所有的条件也就是时机成熟了以后才采取行动。人生随时都有机会，但却没有十全十美的。那些被动的人平庸地生活一辈子，恰恰是因为他们不会主动采取行动。这是傻瓜的做法。我们必须向生命妥协，相信手底下的活正是目前最需要做的，才会将自己挡在陷入行动前永远痴痴等待的泥沼之外。

我们追求完美，但是现实中的事情没有一件是绝对完美的，只有接近完美。等到所有条件都完美以后才去做，只能永远等下去，并将机会拱手让给他人。那些要等到所有事情都已经准备妥当才出发的人，将永远也走不远。要想变成"我现在就去做"的那种人，就要停止一切白日梦，时时想到现在，从现在就开始做。

每个人都有失去自信、怀疑自己能力的时候，尤其是在逆境中的时候。但真正懂得行动艺术的人，却可以用坚强的毅力克服它，会告诉自己每个人都有失败的时候，会告诉自己不论事前做了多少准备、思考多久，真正着手做的时候，都难免会犯错误。然而，被动的人，并不把失败视为学习和成长的机会，却总在告诫自己：或许我真的不行了，以致失去了积极参与未来的行动。

很多人都相信心想事成，但我却将其视为谎言。好主意一毛钱能买一打，最初的想法只是一连串行动的起步，接下来需要第二阶段的准备、计划和第三阶段的行动。这个世界上从来不缺少有想法、有主意的人，但懂得成功地将一个好主意付诸实践的人却很少。

人们判断你的能力高低的真正依据不是你脑子里装了多少东西，而是你的行动。人们都信任脚踏实地的人，他们都会想：这个人敢说敢做，一定知道怎么做最好。我还没听过有人因为没有打扰别人、没有采取行动或要等别人下令才做事而受到赞扬的。那些在工商界、政府、军队中的领袖，都是很能干又肯干的人。那些站在场外袖手旁观的人永远当不了领导人物。

不论是自动自发者还是被动的人，都是习惯使然。习惯有如绳索，我们每天纺织一根绳索，最后它粗大得无法折断。习惯的绳索不是带领我们到高峰就是引领我们到低谷，这主要得看是好习惯还是坏习惯了。坏习惯很容易养成，而且能摆布我们、左右成败，但却很难伺候；好习惯很难养成，但很容易维持下去。

要有现在就做的习惯，最重要的是要有积极主动的精神、戒除精神散漫的习惯，要决心做个主动的人，要勇于做事，不要等到万事俱备以后才去做，永远没有绝对完美的事。培养行动的习惯，不需要特殊的聪明智慧或专门的技巧，只需要努力耕耘，让好习惯在生活中开花结果即可。

人生就是一场伟大的战役，为了胜利，你需要行动、再行动、永远行动！这样，你的安全就能得到保障。

最可怕的是精神破产

这个世界上的每个人都没有顺遂的人生；相反，却要时刻与失败比邻而居。也许正因为这个世界上有太多太多无奈的失败，追求卓越才变得魅力十足，让人竞相追逐，甚至不惜以生命为代价。即便如此，失败还是要来。

我们的命运也依然如此。只是与有些人不同，我把失败当作一杯烈酒，咽下去的是苦涩，吐出来的却是精神。

约翰·D·洛克菲勒与
年幼的大卫·洛克菲勒

在我信誓旦旦地跨入商界，跪下来恳祈上帝保佑我们新开办的公司之时，一场灾难性的风暴便袭击了我们。当时我们签订了一份合同，要购进一大批豆子，准备大赚一把，但没有想到一场突然"来访"的霜冻击碎了我们的美梦，到手的豆子毁了一半，而且有失德行的供货商还在里面掺了沙土和细小的豆叶、豆秸。这注定是一笔要做砸了的生意。但我知道，我

156

不能沮丧，更不能沉浸在失败之中，否则，我就会离我的目标、梦想越来越远。

天下没有免费的午餐，更不可能维持现状，如果静止不动，就是退步，但要前进，必须乐于做决定和冒险。那笔生意失败之后，我再次向我的父亲借债，尽管我很不情愿这么做。而且，为了使自己在经营上胜人一筹，我告诉我的合伙人克拉克先生，我们必须宣传自己，通过报纸广告让我们的潜在客户知道，我们能够提供大笔的预付款，并能提前供应大量的农产品。

结果，胆识和勤奋拯救了我们，那一年我们非但没有受豆子事件的影响，反而赚了一笔。

人人都厌恶失败，然而，一旦避免失败变成你做事的动机，你就走上了怠惰无力之路。这非常可怕，甚至是种灾难。因为这预示着人可能要丧失原本可能有的机会。

机会是有限的，人们因机会而发迹、富有，看看那些穷人你就知道，他们不是无能的蠢材，他们也不是不努力，他们是苦于没有机会。你需要知道，我们生活在弱肉强食的丛林之中，在这里，你不是吃别人就是被别人吃掉，逃避风险几乎就是保证破产；而你利用了机会，就是在剥夺别人的机会，保护着自己。

害怕失败就不敢冒险，不敢冒险就会错失眼前的机会。所以，我的儿子为了避免丧失机会、保住竞争的资格，勇敢地面对挫折与失败是值得的！

失败是走上更高地位的开始。我可以说，我能有今天的成就，是踩着失败的螺旋阶梯升上来的，是在失败中崛起的。我是一个聪明的"失败者"，我知道向失败学习，从失败的经验中汲取成功的因子，用自己不曾想到的手段，去开创新事业。所以我想说，只要不变成习惯，失败是件好事。

我的座右铭是：人始终要保持活力、永远坚强、坚毅，不论遭遇怎样的失败与挫折，这是我唯一能做的事情。我自己非常明白，做什么才会让自己感到快乐，什么东西值得自己为之效命。根本的期望就像清洁工手中的扫把，将扫尽你成功之路上的所有垃圾。儿子，你自己根本的期望在哪里？只要你不丢掉它，成功必将到来。

乐观的人在苦难中会看到机会，悲观的人在机会中会看到苦难。儿子，记住这深信不疑的成功公式：梦想＋失败＋挑战＝成功之道。

当然，失败有它的杀伤力，它可以让人萎靡、颓废，丧失斗志和意志力。重要的是你将失败看作什么。天才发明家托马斯·爱迪生，在用电灯照亮摩根先生的办公室前，共做了一万多次实验，在他那里，失败是成功的试验田。

十年前，《纽约太阳报》的一位年轻记者采访了他，那位少经世事的年轻人问他："爱迪生先生，您目前的发明曾经失败过一万次，您对这些有什么看法？"爱迪生对"失败"一词很不受用，他以长者的口吻跟那位记者说："年轻人，你的人生旅程才刚刚开始，所以我告诉你一个对你未来很有帮助的启示，我没有失败过一万次，我只是发明了一万种行不通的方法。"精神的力量永远如此巨大。

你要宣布精神破产，你就会输掉一切。你需要知道，人的事业就如同浪潮，如果你踩到浪头，功名就会随之而来；而一旦错失，则终其一生都将受困于浅滩与悲哀。失败是一种学习经历，你可以让它变成墓碑，也可以让它变成垫脚石。

没有挑战就没有成功，不要因为一次失败就停下脚步，战胜自己，你就是最大的胜者！

只有放弃才会失败

今天，合众国上下怀着一种特有的感念之情来纪念那颗伟大而又罕有的灵魂——无愧于上帝与人类的先总统亚伯拉罕·林肯先生。我相信林肯受之无愧。

在我真实的记忆中，没有谁比林肯更伟大。他编织了一段合众国成功而又令人动容的历史，他用不屈不挠的精神与勇气以及宽厚仁爱之心，使四百万最卑下的黑奴获得解放，同时击碎了 2 700 万另一肤色的合众国公民灵魂上的枷锁，结束了因种族仇恨

年迈的老洛克菲勒与他
唯一的儿子小洛克菲勒的合影

而使灵魂堕落、扭曲和狭隘的罪恶历史。他避免了国家被毁灭的灾难，将一切不同语言、宗教、肤色和种族的人组合成为一个崭新的国家。合众国因他获得了自由，因他而幸运地踏上了正直公平的康

庄大道。

林肯是上世纪最伟大的英雄，今天（1909年），在他百年诞辰之际，举国上下追思他为合众国所做的一切，就是一个最好的证明。

然而，当我们追忆并感激他的光辉伟业之时，我们更应汲取并光大其人生所具有的特殊教益——执著的决心与勇气。我想我们纪念他的最好方式就是效法他，让他从不放弃的精神之光照亮美国。

在我心中，林肯永远是不被困难吓倒、不屈不挠的化身。他生下来就一贫如洗，曾被赶出家园。他第一次经商就失败了，第二次经商败得更惨，以致用十几年的时间才还清了债务。他的从政之路同样坎坷，他第一次竞选州议员就遭失败，并丢掉了工作。幸运的是，他第二次竞选成功了。但接下来竞选州参议员发言人时又失败了。然而他依然没有灰心，在以后竞选中他曾六度失败，但每次失败过后他仍是力争上游，直至当选为美国总统。

每个人都有历尽沧桑和饱受无情打击的时候，却很少有人能像林肯那样百折不回。每次竞选失败过后，林肯都会激励自己："这不过是摔了一跤而已，并不是死了爬不起来了。"这些话语是林肯克服困难的力量，更是他最终享有盛名的利器。

林肯的一生书写了一个伟大的真理：除非你放弃，否则你就不会被打垮。

功成名就是一连串的奋斗。那些伟大的人物，几乎都受过一连串的无情打击，他们每个人都险些宣布投降，但是他们因为坚持到底，终于获得了辉煌的成果。例如伟大的希腊演说家德莫森，他因为口吃，而生性害臊羞怯。他父亲死后给他留下一块土地，希望他能过上富裕的生活，但当时希腊的法律规定，他必须在声明拥有土地主权之前，先在公开的辩论中赢得所有权。很不幸，口吃和害羞使他惨败，结果他丧失了那块土地。但他没有被击倒，而是发愤努力战胜自己，结果他创造了人类空前的演讲高潮。历史忽略了那位取得他财产的人，但几个世纪以来，整个欧洲都记得一个伟大的名字——德莫森。

太多的人高估了他们所欠缺的，却又低估了他们所拥有的，以至丧失了成为胜利者的机会。这是个悲剧。

林肯的一生就是化挫折为胜利的伟大见证。没有不经失败的幸运儿，重要的是不要因失败而变成一个懦夫。如果我们尽了最大努力仍然没有达到目的，我们所应做的就是汲取教训，力求在接下来的努力中表现得更好。

坦率地说，我无心与林肯总统比较，但我有他些许的精神，我痛恨生意失败、失去金钱，但是真正使我关心的是，我害怕在以后的生意中，会因太谨慎而变成懦夫。如果真是那样，那我的损失就更大了。

对一般人而言，失败很难使他们坚持下去。但在林肯那里这是个例外，他会利用种种挫折和失败，来驱使他更上一层楼，因为他有钢铁般的毅力。他有一句话说得好："你无法在天鹅绒上磨利剃刀。"

世界上没有一样东西可取代毅力。才干不可以，怀才不遇者比比皆是，一事无成的天才很普遍；教育也不可以，世上充满了学无所用的人。只有毅力和决心无往不利。

当我们继续迈向高峰时，我们必须记住：每一级阶梯都供我们踩足够的时间，然后再踏上更高一层，它不是供我们休息之用的。我们在途中不免疲倦与灰心，但就像一个拳击手所说的，你要再战一回合才能得胜。碰到困难时，我们要再战一回合。每一个人都有无限的潜能，除非我们知道它在哪里，并坚持用它，否则毫无价值。

伟大的机会不假外求，然而，我们得努力工作才能把握它。俗语说："趁热打铁。"的确不错。毅力与努力都很重要，每一个"不"的回答都使我们愈来愈接近"是"的回答。"黎明之前总是最黑暗"这句话并非口头禅，我们只要努力工作，终究会成功。

今天，我们在感激、赞美林肯总统的时候，我们不能忘记的是要用他一生的事迹来激励自己。如果这样做了，即使我们顶天立地的一天仍未到来，我们依然是个大赢家。因为我们已经有了知识，也懂得了面对人生，那是更大的成功。

信念是金

雄才大略的智慧可以创造奇迹。然而，现实中创造奇迹的人总是寥若晨星，而泛泛之流却在辈出。

耐人寻味的是，人人都想大有所为。每一个人都想要获得一些最美好的东西。每一个人都不喜欢巴结别人，过平庸的日子，也没有人甘愿自己是二流人物，很多人觉得自己是被迫进入那种生活状态的。

难道我们没有雄才大略的智慧吗？不！最实用的成功智慧早已写在《圣经》之中，那就是"坚定不移的信心足可移山"。可为什么还有那么多失败者呢？我想那是因为真正相信自己能够从失败中走出来的人不多，结果，成功的人也就很少。

绝大多数的人都视那句圣言为荒谬的说法，认为那是根本不可能的。我认为这些不会得救的人犯了一个常识性的错误，他们错把信心当成了"希望"。不错，我们无法用"希望"移动一座高山，无法靠"希望"取得胜利或平步青云，也不能靠"希望"而拥有财富和地位。

但是，信心的力量却能帮助我们移动一座山岳，换句话说，只要相信，我们就能够成功。你也许认为我将信心的威力神奇或神秘化了，不！信心产生"我确实能做到"的态度，"我确实能做到"的态度能产生创造所必备的能力、技巧与精力。每当你相信"我确实能做到"时，自然就会想出"如何解决"的方法，有了解决问题的正确方法，成功便近了一步。这就是信心发威的过程。

每一个人都希望有一天能登上最高阶层，享受随之而来的成功果

约翰·洛克菲勒和他 5 个儿子的合影

实。但是他们绝大多数偏偏都不具备必需的信心与决心，他们因此也无法到达顶点。也因为他们相信达不到，以致找不到登上巅峰的途径，他们的作为也就一直停留在一般人的水平上。

但是，少部分人真的相信他们总有一天会成功。他们抱着"我就要登上巅峰"的心态来进行各项工作，并且凭着坚定的信心而达到了目标。我以为我就是他们其中的一员。当我还是一个穷小子的时候，我就相信我一定会成为天下最富有的人，强烈的自信激励我想出各种可行的计划、方法、手段和技巧，从而让我一步步攀上了石油王国的顶峰。

我从不相信失败是成功之母，我相信信心是成功之父。胜利是一种习惯，失败也是一种习惯。如果想成功，就要取得持续性的胜利。只有这样才能成为强者。信心激发了我成功的动力。

相信会有伟大的结果，是所有伟大的事业、书籍、剧本，以及科学新知背后的动力。相信会成功，是已经成功的人所拥有的一项基本素质。但失败者慷慨地丢掉了这些。

我曾与许多在生意场中失败过的人谈话，听过无数失败的理由与借口。这些失败者在说话的时候，时常会在无意中说："老实说，我并不以为它会行得通""我在开始进行之前就感到不安了""事实上，我对这件事情的失败并不会太惊奇"。

采取"我暂且试试看，但我想还是不会有什么结果"的态度，最后一定会招致失败。"不信"是消极的力量，当你心中不以为然或产生怀疑时，你就会想出各种理由来支持你的"不信"。怀疑、不信、潜意识要失败的倾向，以及不是很想成功，都是失败的主因。

心中存疑，就会失败。相信会胜利，就必定能成功。

信心的大小决定了成就的大小。庸庸碌碌、过一天算一天的人，自认为做不了什么事，所以他们仅能得到很少的报酬。他们相信不能做出伟大的事情，他们就真的不能。他们认为自己很不重要，他们所做的每一件事也就显得无足轻重。久而久之，连他们的言行举止也会表现得缺乏自信。如果他们不能将自信抬高，他们就会在自我评估中畏缩，变得愈来愈渺小。而且他们怎么看待自己，也会使别人怎么看待他们，于是这种人在众人的眼光下又会变得更渺小。

那些积极向前的人，肯定自己有更大的价值，他就能得到很高的报酬。他相信他能处理艰巨的任务，结果他真的就能做到。他所做的每一件事情，他的待人接物，他的个性、想法和见解，都显示出他是专家，他是一位不可或缺的重要人物。

照亮我的道路，不断地给我勇气，让我愉快地正视生活的，就是信心。在任何时候，我都不忘增强信心。我用成功的信念取代失败的念头。当我面临困境时，想到的是"我会赢"，而不是"我可能会输"。当我与人竞争时，我想到的是"我跟他们一样好"，而不是"我无法跟他们相比"。机会出现时，我想到的是"我能做到"，而不是"我不能做到"。

每个人迈向成功的第一个步骤，就是要相信自己，要相信自己一定能够成功。要让关键性的想法"我会成功"支配我们的各种思考过程。成功的信念会激发我们的心智创造出好的计划。失败的意念正好相反，使我们产生一些会导致失败的念头。

我定期提醒自己：你比你想象的还要好。成功的人并不是超人。

成功不需要超人的智力，成功不是看运气，也没有什么神秘之处。成功的人只是相信自己、肯定自己所作所为的平凡人。永远不要、绝对不要廉价出售自己。

每个人都是他思想的产物，想的是小的目标，成果也是微小的。想到的是伟大的目标，就会赢得大的成功。而伟大的创意与大计划通常比小的创意与计划要来得容易，至少不会更困难。

那些能够在商业、传教、写作、演戏，以及其他的行业中达到最高峰的人，都是因为能够踏实地奉行一个自我发展与成长的计划。那些计划会为他们带来一系列的报酬。

成功、成就就是生命的最终目标。它需要我们用积极的心态去呵护。当然，在任何时候都不能让信念出问题。

天下没有免费的午餐

每个人都需要走自己的路，重要的是要问心无愧。有一个故事或许能够解释清楚，我很少理会那些乞求我出钱来解决他们个人问题的理由，更能解释让我出钱比让我赚钱更令我紧张的原因。这个故事是这样说的：

有一家农户，圈养了几头猪。一天，主人忘记关圈门，便给了那几头猪逃跑的机会。经过几代以后，这些猪变得越来越凶悍以至开始威胁经过那里的行人。几位经验丰富的猎人听闻此事，很想为民除害捕获它们。但是，这些猪却很狡猾，从不上当。

当猪开始独立的时候，就开始变得强悍和聪明了。

有一天，一个老人赶着一辆拉着许多木材和粮食的驴车走进了"野猪"出没的村庄。

老洛克菲勒和他的第二任妻子玛莎

当地居民很好奇，就走向前问那个老人："你从哪里来，要干什么去呀？"老人告诉他们："我来帮助你们抓野猪啊！"众乡民一听就嘲笑他："别逗了，连经验丰富的猎人都做不到的事你怎么可能做到。"但是，两个月以后，老人回来告诉那个村子的村民，野猪已被他关在山顶上的围栏里了。

村民们再次感到惊讶，追问那个老人："是吗？真不可思议，你是怎么抓住它们的？"

老人解释说："首先，就是去找野猪经常出来吃东西的地方。然后我就在空地中间放一些粮食作诱饵。那些猪起初吓了一跳，最后还是好奇地跑过来闻粮食的味道。很快，一头老野猪吃了第一口，其他野猪也跟着吃起来。这时我知道，我肯定能抓到它们了。

"第二天，我又多加了一点粮食，并在几尺远的地方树起一块木板。那块木板像幽灵般暂时吓退了它们，但是那免费的午餐很有诱惑力，所以不久它们又跑回来继续大吃起来。当时野猪并不知道它们面临的情况。此后我要做的只是每天在粮食周围多树起几块木板，直到我的陷阱完成为止。然后，我挖了一个坑立起了第一根角桩。每次我加进一些东西，它们就会犹豫一些时间，但最后还是会来吃免费的午餐。围栏造好了，最后一道门也设计好了，而不劳而获的习惯使它们再次毫无顾虑地走进了围栏。这时我就出其不意地关上了门，那些吃免费午餐的野猪就被我轻而易举地抓到了。"

这个故事的寓意很简单，一只动物要靠人类供给食物时，它的机智就会被取走，接着它就麻烦了。同样的情形也适用于人类，如果你想使一个人残废，只要给他一对拐杖再等上几个月就能达到目的；换句话说，如果在一定时间内你给一个人免费的午餐，他就会养成不劳而获的习惯。别忘了，每个人在娘胎里就开始有被"照顾"的需求了。

是的，我一直鼓励你要帮助别人，但是就像我经常告诉你的那样，如果你给一个人一条鱼，你只能供养他一天，但是你教他捕鱼的本领，就等于供养他一生。这个关于捕鱼的老话很有意义。

在我看来，资助金钱是一种错误的帮助，它会使一个人失去节俭、勤奋的动力，而变得懒惰、不思进取、没有责任感。更为重要的是，当你施舍一个人时，你就否定了他的尊严，你否定了他的尊严，你就抢走了他的命运，这在我看来是极不道德的。作为富人，我有责任成为造福于人类的使者，却不能成为制造懒汉的始作俑者。

任何一个人一旦养成习惯，不管是好是坏，习惯就一直占有了他。吃免费午餐的习惯不会使一个人走向坦途，只能使他失去赢的机会。而勤奋工作却是唯一可靠的出路，工作是我们享受成功所付的代价，财富与幸福要靠努力工作才能得到。

在很久以前，一位聪明的老国王想编写一本智慧录，以飨后世子孙。一天，老国王将他聪明的臣子召集来，说："没有智慧的头脑，就像没有蜡烛的灯笼，我要你们编写一本各个时代的智慧录，去照亮子孙的前程。"

这些聪明人领命离去后，工作了很长一段时间，最后完成了一本堂堂十二卷的巨著，并骄傲地宣称："陛下，这是各个时代的智慧录。"

老国王看了看，说："各位先生，我确信这是各个时代的智慧结晶。但是，它太厚了，我担心人们读它会不得要领。把它浓缩一下吧！"这些聪明人花了很多时间，几经删减，完成了一卷书。但是，老国王还是认为太长了，又命令他们再次浓缩。

这些聪明人把一本书浓缩为一章，然后减为一页，再变为一段，最后则变成一句话。聪明的老国王看到这句话时，显得很得意。"各位先生，"他说，"这真是各个时代的智慧结晶，而且各地的人一旦知道这个真理，我们大部分的问题就可以解决了。"这句话就是："天下没有免费的午餐。"

智慧之书的第一章，也是最后一章，是天下没有免费的午餐。如果人们知道出人头地，要以努力工作为代价，大部分人就会有所成就，同时也将使这个世界变得更美好。而吃免费午餐的人，迟早会付出代价。

一个人活着，必须在自身与外界创造足以使生命和死亡有点尊严的东西。

做傻的聪明人

你需要知道，学问本身并不怎么样，学问必须加以活用，才能发挥作用，要成为能够活用学问的人，你必须首先成为具有实行能力的人。

大卫·洛克菲勒（洛克菲勒家族的继承人）的收藏品

那么实行能力从哪里来呢？在我看来，它就潜藏在吃苦之中。我的经验告诉我，走过艰难之路——布满艰辛、不幸、失败和困难的道路，不仅会铸就我们坚强的性格，我们赖以成就大事的实行能力亦将应运而生。在苦难中向上攀爬的人，知道什么叫千方百计地去寻找方法、手段，让自己得救。处心积虑地去吃苦，是我笃信的成功信条之一。

也许你会讥讽我，认为没有比想吃苦再傻的了。不！没有不幸体验的人，反而不幸。很多事情都是来得快去得也快，那些实现了一夜成名、一夜暴富梦想的人们，有谁不是很快就销声匿迹了？吃苦所得到的，是将你的事业大厦建立在坚实的地面上，而不是流沙里。人要有远见，只有长时间的吃苦，才有长时间的收获。

我相信你已经发现了，自你到我身边工作以来，我并没有给予你重担去挑。但这并不表明我怀疑你的能力，我只是希望你善于做小事而已。

做好小事是做成大事的基石，如果你从一开始就高高在上，就无法体贴部属的心情，也就不能真正地活用别人；在这个世界上要活下去、要创造成就，你必须借助于人力，即别人的力量，但你必须从做小事开始，才会了解当部属的心情，等你有一天走上更高的职位，你就知道如何让他们贡献出全部的工作热情了。

世界上只有两种人头脑聪明：一种是活用自己的聪明人，例如艺术家、学者、演员；一种是活用别人的聪明人，例如经营者、领导者。后一种人需要一种特殊的能力——抓住人心的能力。但很多领导者都是聪明的傻瓜，他们以为要抓住人心，就得依据由上而下的指挥方式。在我看来，这是一种错误的看法，要知道，每个人对自己受到轻视都非常敏感，被看矮一截会丧失干劲。这样的领导者只会使部属无能化。

一头猪好好被夸奖一番，它就能爬到树上去。善于驱使别人的经营者、领导者或大有作为的人，一向宽宏大量，他们懂得高看别人和赞美他人的艺术。这意味着他们要有感情的付出。而付出深厚的感情的领导者最终必赢得胜利，并获得部属更多的敬重。

没有知识的人终无大用，但有知识的人很可能成为知识的奴隶。每个人都需要知道，一切的知识都会转化为先入为主的观念，结果是形成一边倒的保守心理，认为"我懂""我了解""社会本来就是这样"。有了"懂"的感觉，就会缺乏想要知道的兴趣，没有兴趣就将丧失前进的动力，等待他的也只剩下百无聊赖了。这就是因为不懂才成功的道理。

但是，受自尊心、荣誉感的支配，很多有知识的人对"不懂"总是难以启齿，好像向别人请教是见不得人的事，甚至把无知当罪恶。这是自作聪明，这种人永远都不会理解那句伟大的格言——"每一次说不懂的机会，都会成为我们人生的转折点。"

自作聪明的人是傻瓜，懂得装傻的人才是真聪明。如果把聪明视为可以捞到好处的标准，那我显然不是一个傻瓜。

直到今天我都能清晰地记得一次装傻的情景，当时我正为如何筹借到 15 000 美元伤脑筋，走在大街上我都在苦思冥想这个问题。说来有意思，正当我满脑子闪动着借钱的念头时，有位银行家拦住了我的去路，他在马车上低声问我："你想不想用 5 0000 美元，洛克菲勒先生？"我交了好运吗？我有点不相信自己的耳朵。但在那一瞬间我没有表现出丝毫的急切，我看了看对方的脸，慢条斯理地告诉他："是这样……你能给我二十四小时考虑一下吗？"结果，我以最有利于我的条件与他达成了借款合同。

装傻带给你的好处很多很多。装傻的含义，是摆低姿态，变得谦虚，换句话说，就是瞒住你的聪明。越是聪明的人越有装傻的必要，就像那句格言所说——"越是成熟的稻子，越垂下稻穗。"

财富是勤奋的副产品

很高兴收到你的来信，在你的信中有两句话让我很是欣赏，一句是"你要不是赢家你就是在自暴自弃"，一句是"勤奋出贵族"。这两句话是我不折不扣的人生座右铭，如果不自谦的话，我愿意说，它正是我人生的缩影。

那些不怀好意的报纸，在谈到我创造的巨额财富时，常比喻我是一架很有天赋的赚钱机器，其实他们对我几乎一无所知，更对历史缺乏洞见。

亿万富翁劳伦斯·洛克菲勒

作为移民，满怀希望和勤奋努力是我们的天性。而我尚在孩童时期，母亲就将节俭、自立、勤奋、守信和不懈的创业精神等美德植入了我的思想中。我真诚地笃信这些美德，将其视为伟大的成功信条，直到今天，在我的血液中依然流淌着这些伟大的信念。而所有的这一切结成了我向上攀爬的阶梯，将我送上了财富之山的顶端。

当然，那场改变美国人民命运与生活的战争，让我获益匪浅，真诚地说，它将我造就成了令商界啧啧称奇而又望而生畏的商业巨人。是的，南北战争给予了民众前所未有的巨大商机，它把我提前变成了富人，为我在战后掀起的抢夺机会的竞技场上获胜，提供了资本支持，以至后来财源滚滚。

但是，机会如同时间一样是平等的，为什么我能抓住机会成为巨富，而很多人却与机会擦肩而过、不得不与贫困为伍呢？难道真的像诋毁我的人所说，是因为我贪得无厌吗？

不！是勤奋！机会只留给勤奋的人！自我年少时，我就笃信一条成功法则：财富是意外之物，是勤奋工作的副产品。每个目标的达成都来自于勤奋的思考与勤奋的行动，实现财富梦想也依然如此。

我极为推崇"勤奋出贵族"这句话，它是让我永生难忘的箴言。无论是过去还是现在，无论是在我们立足的北美还是在遥远的东方，那些享有地位、尊严、荣耀和财富的贵族，都有一颗永不停息的心，都有一双坚强有力的臂膀，他们身上凸显着毅力和顽强意志的光芒。而正是这样一种品质，让他们成就了事业，赢得了尊崇，成为了顶天立地的人物。

约翰，在这个无限变幻的世界中，没有永远的贵族，也没有永远的穷人。就像你所知道的那样，在我小的时候，我穿的是破衣烂衫，家境贫寒到要靠好心人来接济。但今天我已拥有一个庞大的财富帝国，已将巨额财富注入到慈善事业之中。如同万种盛衰起伏变幻，如同沧海桑田生生不息，出身卑贱和家境贫寒的人，通过自己的勤奋工作和执著追求，同样能功成名就、出人头地，成为贵族。

一切尊贵和荣誉都必须靠自己的创造去获取，这样的尊贵和荣誉才能长久。在我们今天这个社会，富家子弟处在一种不进则退的情况之下。不幸的是，他们中的很多人都缺乏进取精神，他们好逸恶劳、挥霍无度，以至有很多人虽在富裕的环境中长大，却不免在贫困中死去。

所以，你要教导你的孩子，要想在与人生风浪的搏击中完善自己、成就自己、享受成功的喜悦、赢得社会的尊敬、高歌人生，只能凭自己的双手去创造；要让他们知道，荣誉的桂冠只会戴在那些勇于探索者的头上；告诉他们，勤奋是为了自己，不是为了别人，他们是勤奋的最大受益者。

我自孩提时代就坚信，没有辛勤的耕耘就不会有丰硕的收获，作为贫民之子，除去靠勤奋获得成功、赢得财富与尊严，别无他策。上学时，我不是一个聪明的学生，但我不甘人后，所以我只能勤恳地学习功课，并持之以恒。在我十岁时我就知道要尽我所能地多干活，砍柴、挤奶、打水、耕种，我什么都干，而且从不惜力。正是农村艰苦而辛劳的岁月，磨炼了我的意志，使我能够承受日后创业的艰辛；也让我变得更加坚忍不拔，塑造了我坚强的自信心。

我知道，我之所以在以后身陷逆境时总能泰然处之，在很大程度上是因为我从小就建立了自信心。

勤奋能修炼人的品质，更能培养人的能力。我受雇于休伊特——塔特尔公司时，我就获得了具备非同一般的能力和出众的年轻簿记员的名声。在那段日子里，我可谓终日披星戴月、夜以继日。当时我的雇主就对我说："以你非凡的毅力，你一定会成功，尽管我不知道将来会是什么样子，但有一点我相信，只要你用心去干一件事，你决不会失败。"

今天，我尽管已年近七十，但我依然搏杀于商海之中，因为我知道，结束生命最快捷的方式就是什么也不做。人人都有权力选择把退休当作开始或结束。那种无所事事的生活态度会使人中毒。我始终将退休视为再次出发，我一天也没有停止过奋斗，因为我知道生命的真谛。

约翰，我今天的显赫地位和巨额财富不过是我付出比常人多得多的劳动和创造换来的。我原本也是普普通通的常人，原本没有头上的桂冠，但我以坚强的毅力、顽强的耕耘孜孜以求，终于功成名就。我的名誉不是虚名，是血汗浇铸的王冠，些许浅薄的嫉恨是对我的不公平。

我们的财富是对我们勤奋的嘉奖。让我们坚定信念，认定目标，凭着对上帝意志的信心，继续努力吧，我的儿子。

你手中握有成功的种子

昨天，就在昨天，我收到了一个立志要成为富翁的年轻人的来信。他在信中恳请我回答一个问题：他缺少资本，他该如何去创造财富。

上帝呀，他是想让我指明他生命的方向。可是教诲他人似乎不是我的专长，而我又无法拒绝他的诚恳，这真令人痛苦。但我还是回信告诉他，你需要资本，但你更需要常识。常识比金钱更重要。

对于一个要去创业的贫寒子弟而言，他们常常苦恼于缺少资本。如果他们再恐惧失败，他们就将犹疑不决，像蜗牛般缓慢行进，甚至止步于成功之路，而永无出人头地之时，所以，我在给那个年轻人的回信中特别提醒他：

"从贫穷通往富裕的道路永远是畅通的，重要的是你要坚信 老洛克菲勒创建的标准石油公司的标志 我就是我最大的资本。你要锻炼信念，不停地探究迟疑的原因，直到信念取代了怀疑。你要知道，你自己不相信的事，你无法达成；信念是带你前进的力量。"

每一个渴望成功的人都应该认识到，成功的种子就撒在他自己身边。只要认识到了这一点，他就能获得想要得到的东西。在信中我给那个年轻人讲了一个阿拉伯人的故事，我相信这个故事定将惠泽他人，乃至所有的人。

这个故事是这样的：

从前有个波斯人，名叫阿尔·哈菲德，住在离印度河不远的地方，他拥有一大片兰花园、数百亩良田和繁盛的园林。他是个知足的人，而且十分富有——因为他很富有，所以他十分知足。有一天，一位老僧人来拜访他，坐在他的火炉边跟他说："你富有，你也生活得安逸，但是，你如果有满满一手钻石，你就可以买下整个国家的土地。要是你能拥有一座钻石矿，你就可以利用这巨富的影响力，把孩子送上王位。"

哈菲德听了老僧人这番极具诱惑力的话之后,当天晚上上床时,他就变成了一个穷人——不是因为他失去了一切,而是他开始变得不满足,所以他觉得自己很穷;也因为他认为自己很穷,所以得不到满足。他想:"我要一座钻石矿。"所以,他整夜都难以入睡。第二天一大早他就跑去找那位僧人。

老僧人一大早就被叫醒,非常不高兴。但哈菲德完全不顾及这些,他满不在乎地把老僧人从睡梦中摇醒,对他说:"你能告诉我什么地方可以找到钻石吗?"

"钻石?你要钻石做什么?"

"我想要拥有庞大的财富,"哈菲德说,"但我不知道哪里可以找到钻石。"

"哦!"老僧人明白了,他说:"你只要在山里面找到一条在白沙上穿流的河,就可以在沙子里找到钻石。"

"你真的认为存在这样一条河吗?"

"多得很,多得很呐!你只要出去寻找,就一定会找到。"

"我会的。"哈菲德说。

于是,他卖掉农场,收回借款,把房子交给邻居看管,就出发寻找钻石去了。

哈菲德先是去了月光山区寻找,而后到了巴勒斯坦,接着又跑到欧洲,最后他花光了身上所有的钱。他如同乞丐般站在西班牙巴塞罗纳海边,看到一道巨浪越过赫丘力士石柱汹涌而来,这个历经沧桑、痛苦万分的可怜虫,无法抵抗纵身一跳的念头,就随着浪峰跌入大海，终结了一生。

在哈菲德死后不久，他的财产继承人拉着骆驼去花园喝水，当骆驼把鼻子伸到花园那清澈见底的溪水中时，那个继承人发现，在浅浅的溪底白沙中闪烁着奇异的光芒，他伸手下去，摸到一块黑石头，石头上面有一处闪亮的地方，发出了彩虹般的色彩。他将这块怪异的石头拿进屋子，放在壁炉的架子上，又继续去忙他的工作，完全忘记了这件事。

几天后，那个告诉哈菲德在哪里能找到钻石的老僧人来拜访哈菲德的继承人。他看到架子上的石头发出的光芒，立即奔过去，惊讶地叫道："这是钻石！这是钻石！哈菲德回来了吗？"

"没有，他还没有回来，而且那也不是钻石，那不过是一块石头，是我在我家的后花园里发现的。"

"年轻人，你发财了！我认识钻石，这真的是钻石！"于是，他们一起奔向花园，用手捧起溪底的白沙，发现了许多比第一颗更漂亮、更有价值的钻石。

这就是人们发现印度戈尔康达钻石矿的经过。那是人类历史上最大的钻石矿，其价值远远超过南非的金伯利。英王皇冠上镶嵌的库伊努尔大钻石，以及那颗镶在俄皇王冠上的世界第一大钻石，都采自那座钻石矿。

每当我记起这个故事，我就不免为阿尔·哈菲德叹息，假如哈菲德能留在家乡，挖掘自己的田地和花园，而不是去异乡寻找，他也就不会沦为乞丐，贫困挨饿，以至跃入大海而亡。他本来就拥有遍地的钻石。

并非每一个故事都具有意义，但这个阿拉伯人的故事却给我带来了宝贵的人生教诲：你的钻石不在遥远的高山与大海之间，如果你决心去挖掘，钻石就在你家的后院，重要的是要真诚地相信自己。

每个人都有理想，这种理想决定着他的努力和判断的方向。就此意义而言，我认为，不相信自己的人就跟窃贼一样，因为任何一个不相信自己，而且未充分发挥本身能力的人，可以说是向自己偷窃的人；而且在这个过程中，由于创造力有限，他也等于是从社会偷窃。由于没有人会从他自己那里故意偷窃，那些向自己偷窃的人，显然都是无意中偷窃了。然而这种罪状仍很严重，因为其所造成的损失，跟故意偷窃一样大。

只有戒除这种向自己偷窃的行为，我们才能爬向高峰。我希望那个渴望发财的年轻人，能思索出其中所蕴涵的道理。

真诚地相信自己就有办法

找出把事情做得更好的方法，是做成一件事情的保证。这不需要有超人的智慧，重要的是要相信能把事情做成，要有这种信念。当我们相信某一件事不可能做到的时候，我们的大脑就会为我们找出各种做不到的理由。但是，当我们相信——真正地相信某一件事确实可以做到的时候，我们的大脑就会帮我们找出各种方法。

相信某一件事可以做成，就会为我们提供创造性的解决之道，将我们各种创造性的能力发挥出来。相反，不相信事情能够做成功，就等于关闭了我们创造性解决问题的心智，不但会阻碍我们发挥创造性的能力，同时还将破灭我们的理想。所谓

洛克菲勒家族庄园

"有志者事竟成"，正是如此。

　　我厌恶我的手下人说"不可能"。"不可能"是失败的用语，一旦一个人被"那是不可能的"想法所支配，他就会产生一连串的想法证明他想得没错。罗杰斯就犯了这种错误，他是个传统的思考者，他的心灵是麻木的，他的理由是：这已经实行一百年了，因此一定是个好办法，必须维持原样，又何必冒险去改变呢？而事实上只要用心去想办法，就可以达成。"普通人"总是憎恶进步。

　　我相信，做任何事都不可能只找到一种最好的方法，最好的方法正如创造性的心灵有很多。没有任何事是在冰雪中生长的，如果我们让传统的想法冻结我们的心灵，新的创意就无法生长。

　　传统的想法是创造性的计划的头号敌人。传统的想法会冰冻我们的心灵，阻碍我们发展真正需要的创造性能力。罗杰斯就犯了这样的错误，他应该乐于接受各种创意，要丢弃"不可行""办不到""没有用""那很愚蠢"等思想的渣滓；他也要有实验精神，勇于尝试新的东西，这样就能扩展他的能力，为他担负更大的责任做准备。

同时，他也要主动前进，不要想：这通常是我做这件事的方式，所以在这里我也要用这种方法，而要想：有什么方法能比我们惯用的方法做得更好呢？

各种计划都不可能达到绝对的完美，这意味着一切事物的改良可以无止境地进行。我深知这一点，所以我经常会再寻找一些更好的方法。我不会问自己：我能不能做得更好？我知道我一定办得到，所以我会问：我要怎样才能做得更好？

要找出完美想法的最佳途径就是拥有许多想法。我会不断地为自己和别人设定较高的标准，不断寻求增进效率的各种方法，以较低的成本获得较高的报酬，以较少的精力做更多的事情。因为我知道，最大的成功都是曾经那些拥有"我能把事情做得更好"的态度的人。

"我能做得更好"的态度需要培养，需要每天想：我今天要怎样把工作做得更好？今天我该如何激励员工？我还能为公司提供哪些特殊的服务？我该如何使工作更有效率呢？这项练习很简单，但很管用。你可以试试看，我相信你会找到无数创造性的方法来赢得更大的成功。

我们的心态决定我们的能力。我们认为我们能做多少我们就真的能做多少。如果我们真的相信自己能做得更多，我们就能创造性地思考出各种方法。

拒绝新的挑战是非常愚蠢的。我们要思考怎样才可以做得更多。如此，许多富有创造性的答案都会不期而至。例如，改善目前工作的计划，或者处理例行工作的捷径，或者删除无关紧要的琐事。换句话说，那些使我们做得更好的方法多半都在这时候出现。

不甘示弱才会赢

成功不是以一个人的身高、体重、学历或家庭背景来衡量的，而是以他思想的"大小"来决定的。我们思想的大小决定我们成就的大小。这其中最重要的一条就是我们要看重自己，克服人类最大的弱点——自贬，千

洛克菲勒（中国）研究发展中心

万不要廉价出卖自己。你们比你们想象的还要伟大，所以，要将你们的思想扩大到你们真实的程度，绝不要看轻自己。

几千年来，很多哲学家都忠告我们：要认识自己。但是，大部分人都把它解释为仅仅认识自己消极的一面。大部分的自我评估都包括太多的缺点、错失与无能。认识自己的缺失很好，可借此谋求改进。但是，如果我们仅仅认识自己消极的一面，就会陷入混乱，使自己变得没有任何价值。

而对那些渴望别人尊重自己的人来说，现实却很残酷，因为别人对他的看法，与他对自己的看法相同。我们都会受到那种"我们自以为是怎样"的待遇。那些自以为比别人差一截的人，不管他实

际上的能力到底怎样，一定会是比别人差一截的人，这是因为思想本身能调节并控制各种行动。

如果一个人觉得自己比不上别人，他就会表现出真的比不上别人的各种行动；而且这种感觉无法掩饰或隐瞒。那些自以为不很重要的人，就真的会成为不很重要的人。

在另一方面，那些相信自己具有承担重大责任的能力的人，就真的会变成一个很重要的人物。所以，如果你们想成为重要的人物，就必须首先使自己承认"我确实很重要"，而且要真正这么觉得，别人才会跟着这么想。

每个人都无法逃脱这样一个推理原则：你的思想将会决定你的行动，你的行动将决定别人对你的看法。就像你们自己的成功计划一样，要获得别人的尊重其实很简单。为得到他人的尊重，你们必须首先觉得自己确实值得人敬重，而且你们越敬重自己，别人也会越敬重你们。

请你们想一想：你们会不会敬重那些在破旧街道里游荡的人呢？当然不会。为什么？因为那些无赖汉根本不看重自己，他们只会让自卑感腐蚀他们的心灵而自甘堕落。

一个人的自我观念就是他人格的核心，你们认为自己是什么样的人，你们就真的会成为什么样的人。

每一个人，无论他身居何处，无论他默默无闻或身世显赫，无论他文明或野蛮，也无论他年轻或年老，都有成为重要人物的强烈欲望。请仔细想一想你们身边的每一个人——你的邻居、你的老师、你的同学、你的朋友，谁没有希望自己很有分量的强烈需求？全都有，这种需求是人类最强烈、最迫切的一种目标。

但是，为什么很多人却将这个本可以实现的目标，永远地变成了无法实现的黄粱美梦呢？在我看来是态度使然。态度是我们每个人思想和精神因素的物化，它决定着我们的选择和行动。从这个意义上来说，态度是我们最好的朋友，也是我们最大的敌人。

我承认，我们不能左右风的方向，但我们可以调整风帆——选择我们的态度。一旦我们选择了看重自己的态度，那些"我是个没用的人""我是个无名小卒""我算老几""我一文不值"，等等贬低自己、消磨意志、退化信心和自暴自弃的懦夫的想法就会消失殆尽，取而代之的是心灵的复活、思维和行为方式的积极改变、信心的增强，以"我能！而且我会！"的心态面对一切。

小伙子们，如果你们中间有谁曾自己骗过自己，请就此停止，因为那些不觉得自己重要的人，都是自暴自弃的普通人。任何时候都不要自贬，要先选出自己的各种资产——优点。要问你自己："我有哪些优点？"在分析自己的优点时，不能太客气。

你们要专注自己的长处，告诉自己我比我想象的还要好。要有远见，看到未来的发展性，而不单看现状，对自己要有远大的期望。要随时记住这个问题："重要人物会不会这么做呢？"这样会使你们渐渐变成更成功的大人物。

孩子们，通往成功的道路上铺满了黄金，然而这条道路却只是一条单行线。此时此刻，我们需要一种乐观的态度。乐观常被哲学家称为"希望"。首先让我来告诉你们，这是对乐观的曲解！乐观是一种信念，那就是相信生活终究是乐多苦少，相信即使不如人愿的事屡屡发生，好事终将占得上风。

幸运之神眷顾勇者

几乎每一位事业有成的人都在警告世人：你不能靠运气活着，尤其不能靠运气来建立事业。有趣的是，大部分人对运气深信不疑，我想他们是错把机会当运气了。没有机会就没有运气。

想一想你认识的那些幸运儿，你几乎可以确定，他们都不是温良恭俭让的人，也几乎可以非常确定，他们总是散发出自信的光辉和天下无难事的态度，

美国纽约洛克菲勒中心

甚至会显得非常大胆。这其中潜藏着一个鸡生蛋、蛋生鸡的问题，幸运儿是因为幸运才表现得自信和大胆的呢，还是因为他们自信和大胆才会有好"运气"呢？我的答案是后者。

"幸运之神眷顾勇者"是我一生尊奉的格言。胜利不一定属于强者，高度警惕、生气勃勃、勇敢无畏的人也会获胜。当然，也有人相信谨慎胜过勇敢。但勇敢和大胆比谨慎更引人注目、更受欢迎，且更有吸引力，懦弱根本不能与之相比。

我从未见过不欣赏自信果决的人，每个人都是自信果决的人的

支持者，都期望这样的人担任领袖，而我们之所以受他们吸引，就在于他们有着强大的吸引力。所以，勇敢的人常常会容易成功，会较容易担任领袖、总裁和司令官，那些迅速升职的人都属于这样的人。

经验告诉我，大胆果决的人能完成最好的交易，能得到他人的支持，结成最有力的盟约。而那些胆小、犹豫的人却难以捞到这样的好处。不仅如此，大胆的方法对自己也大有裨益，自信的人期望成功，他们会配合自己的期望，设计所有的计划以追求成功。

当然，这样做不能保证会绝对成功，却能自然而然地推出对成功的展望。换句话说，如果你觉得自己是赢家，你的行为就会像个赢家；如果你的行为像个赢家，你就很可能去做更多赢家做的事，从而改变你的"运气"。

真正的勇者并非是不可一世的狂妄之徒，更不是没有脑子的莽撞汉。勇者懂得运用预测和判断力，计划每一步和做每一个决定，这种做法就像军事策略家所说的那样，会让你力量大增，也就是拥有一种武器，能立刻形成明显的优势，帮你战胜对手。这让我想起了十几年前，大胆决定买下莱玛油区的事情。

在此之前，石油界没有一天停止过对原油将会枯竭的恐惧，连我的助手都开始恐惧在石油上不能长期渔利，悄悄地卖着公司的股票；而有的人甚至建议，公司应该及早退出石油业，转行做其他更为稳定的生意，否则我们这艘大船就将永远不能返航。作为领袖，面对悲观，送出的应该永远是希望而不是哀叹，我告诉那些惶恐中的人们：上帝会赐予我们一切。

　　再次感觉到上帝温暖的抚摸，是人们在俄亥俄州莱玛镇发现了石油的时候。只是莱玛的石油散发着用常规方法都不能去掉的臭味，深深打击了很多人想从那里大赚一把的信心。但我对莱玛油田充满信心，我可以预见到一旦我们独占莱玛，我们就将具有统治石油市场的强大力量。机会来了，如果让它悄然溜走，洛克菲勒的名字就会与猪联系在一起。我郑重地告诉公司的董事们：这是千载难逢之机，我是该把钱投到莱玛的时候了！

　　非常遗憾，我的意见遭到了胆小怕事者的反对。

　　把想法强加于人不符合我的性格，我寄希望于通过和颜悦色的讨论，让大家最终能统一到我的意见上来。

　　那是一次漫长而没有结果的等待。我忧心忡忡，我们建起了全球规模的巨型炼油厂，它就像一个饥饿的婴儿对母亲的奶汁贪得无厌一样，需要吃掉源源不断的原油，但宾州的油田正在凋敝，其他几个小油田也已开始减产，长此下去，我们只得依赖俄罗斯的原油，几乎可以肯定，俄国人一定会利用他们对油田的控制，削弱我们的力量，甚至彻底击败我们，把我们赶出欧洲市场。但是，一旦我们拥有了莱玛的石油资源，我们就会继续做赢家。不能再等了，是我该行动的时候啦！

　　正像我所预想的那样，在董事会上保守派依然说"不"。但我以令反对派大吃一惊的方式降伏了他们，我说："先生们，如果不想让我们这艘巨轮沉下去，我们必须保证我们的原油供应。现在，蕴藏在莱玛地下的石油正向我们招手，它将带来令我们目眩的巨额财富。看在上帝的份上，请不要说那带有臭味的液体没有市场，我相信上帝赐予我们的东西都有其价值，我相信科学会扫除我们的疑虑。所以，我决定用我自己的钱进行这项投资，并情愿承担两年的风险。如果两年以后成功了，公司可以把钱还给我；如果失败了，就由我自己承担一切损失。"

我的决心与诚意打动了我最大的反对者普拉特先生，他眼中闪动着泪光，激动地对我说："洛克菲勒，我的心被你俘虏了，既然你认为应该这样做，我们就一起干吧！你能冒这个险，我也能！"一荣俱荣、一损俱损的合作精神，是我们不断强大的精神支柱。

我们成功了。我们倾尽全力将巨资投到了莱玛，其回报更是巨大，我们将全美最大的原油生产基地控制在了自己的手中。而在莱玛的成功又增加了我们的活力，支配我们开始了在石油业前所未有的大收购。结果正像我们预想的那样，我们成为石油领域最令人畏惧的超级舰队，取得了不可动摇的统治地位。

态度有助于创造运气，而机运就在你的选择之中。如果你有百分之五十一的时间做对了，那么你就会变成英雄。

附录：洛克菲勒名言录

1. 我一直财源滚滚，心如天助，这是因为神知道我会把钱返还给社会的。

2. 上帝为我们创造双脚，是要让我们靠自己的双脚走路。

3. 给予是健康生活的奥秘……金钱可以用来做坏事，也可以是建设社会生活的一项工具。

4. 如果一个人每天醒着的时候把时间全用在为了钱而挣钱上面，我不知道还有没有比这样的人更可鄙、更可怜的了。

5. 良好的方案往往不是由互相容忍得来的，而是争吵的结果。

6. 知识是外在的，是我们对所见事物的认识；智慧则是内涵的，是我们对无形事物的了解；只有二者兼备，你才能成为一个全面发展的人。

7. 除非你放弃，否则你就不会被打垮。

8. 我总设法把每一桩不幸化为一次机会。

9. 每个人都是他自己命运的设计者和建筑师。

10. 从贫穷通往富裕的道路是畅通的，重要的是你要坚信，我就是我最大的资本。

11. 在我眼里，侮辱一词的词义已经转换，它不再是剥掉我尊严的利刃，而是一股强大的动力。

12. 一旦确定了目标，就应尽一切可能，努力培养达到目标的充分自信。

13. 如果你视工作为一种乐趣，人生就是天堂；如果你视工作为一种义务，人生就是地狱。

14. 爱情就像一粒种子，到时它就会成长、开花。我们不知道开的是什么花，但是，肯定它会开花。

15. 凡事都得试试，哪怕希望微乎其微。

16. 从最底层干起，一点一点地获得成功，我认为这是搞清楚一门生意基础的最好途径。

17. 智慧之书的第一章，也是最后一章，是天下没有免费的午餐。

18. 财富是意外之物，是勤奋工作的副产品。每个目标的达成都来自于勤奋的思考与勤奋的行动，实现财富梦想也依然如此。

19. 积累的知识越多，成功的希望就越大。

20. 一切事情，你要搞清楚它的来龙去脉，你得亲自去看……盲目下手的人是捞不到好处的。他们都是蠢货。

21. 设计运气，就是设计人生。所以在等待运气的时候，要知道如何引导运气。这就是我不靠天赐的运气活着，但我靠策划运气发达。

22. 忍耐并非忍气吞声，也绝非卑躬屈膝，忍耐是一种策略，同时也是一种性格磨炼，它所孕育出的是好胜之心。

23. 打先锋的是笨蛋，不管他们如何吹牛。只有看准时机的后来者才能赚大钱。

24. 让别人打头阵，瞅准时机给他一个出其不意，后来居上才最明智。

25. 想获胜必须了解冒险的价值，而且必须有自己创造运气的远见。风险越高，收益越大。

26. 要取得今天的成功，就要在教育与努力之外再加上这些要素——有创造性的、想象力丰富的心灵。

27. 全面检查一次，再决定哪一项计划最好。

28. 首先发现对方的弱点并狠命一击的人，常常是胜者。

29. 与其生活在既不胜利也不失败的黯淡阴郁的心情里，成为既不知欢乐也不知悲伤的懦夫的同类者，倒不如不惜失败，大胆地向目标挑战！

30. 我需要强有力的人士，哪怕他是我的对手。

31. 越是认为自己行，你就会变得越高明，积极的心态会创造成功。

32. 任何事情你钻得深，就引人入胜，就越来越重要。

33. 坚强有力的同伴是事业成功的基石。不论哪种行业，你的伙伴既可能把事业推向更高峰，也可能导致集团的分裂。

34. 我不知道是不是勇气。一个人往往进入只有一件事可做的局面，并无供选择的余地。他想逃，可是无路可逃。因此他只有顺着眼前唯一的道路朝前走，而人们称它为勇气。

35. 当红色的蔷薇含苞欲放的时候，只有剪除周围的别枝繁叶，才可以在日后成为一枝独秀，绽放出妩媚艳丽的花朵。

36. 凡事都需要看得远一点。你在迈出第一步的时候，心中必须装着第二步——这几乎是我一生的经验。

37. 在商场上，成功了的骗术并不是骗术。

38. 做事不抢时间，不求多，稳稳当当地做，就能做许多事情，这有多好！

39. 没有一杆完成的高尔夫比赛，你需要一杆一杆地打下去，你每打出一杆的目的，就是离球洞越近越好，直到把球打进。